全国技工院校市场营销专业（中级技能层级）
全国中等职业学校市场营销专业

MARKETING

市场营销财务基础（第二版）习题册

鲁由学　主编

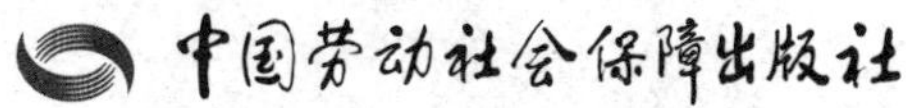

简介

本习题册与全国技工院校市场营销专业（中级技能层级）、全国中等职业学校市场营销专业教材《市场营销财务基础（第二版）》配套使用。习题册依据教材内容编写，既注重基础知识的巩固，又强调基本能力的培养。题型有填空题、判断题、不定项选择题、名词解释、简答题及综合练习题。

本习题册由鲁由学主编。

图书在版编目（CIP）数据

市场营销财务基础（第二版）习题册 / 鲁由学主编. -- 北京：中国劳动社会保障出版社，2019

全国技工院校市场营销专业. 中级技能层级　全国中等职业学校市场营销专业

ISBN 978-7-5167-4035-4

Ⅰ. ①市…　Ⅱ. ①鲁…　Ⅲ. ①市场营销学-财务管理 - 中等专业学校 - 习题集
Ⅳ. ①F715.5

中国版本图书馆 CIP 数据核字（2019）第 100948 号

中国劳动社会保障出版社出版发行

（北京市惠新东街 1 号　邮政编码：100029）

*

三河市潮河印业有限公司印刷装订　　新华书店经销

787 毫米 ×1092 毫米　16 开本　6.75 印张　108 千字

2019 年 6 月第 1 版　　2025 年 12 月第 3 次印刷

定价： 13.00 元

营销中心电话：400-606-6496

出版社网址：http://www.class.com.cn

http://jg. class. com. cn

目录

绪论

一、填空题

1. 在营销活动中，准确地________，及时地__________，有力地清理欠款是对营销人员的基本要求。营销活动的最终结果体现为____________。

2. 营销是指企业、营销人员以顾客的________为出发点，综合运用各种战略与策略，把商品和服务整体地________给顾客，尽可能满足顾客需求，并最终实现企业、营销人员自身目标的经营活动。

3. 财务属于________学科，主要研究________运动、价值运动及________的生成和披露，其性质是资金运动的管理，即价值管理。营销属于________学科，主要研究以满足消费者需求为中心的企业________及其管理过程的规律，以及这些规律在企业经营活动中的运用问题。

4. 财务由企业______部门开展工作和进行管理，营销则由企业______部门组织活动和进行管理。两者是同一企业中的______部门，不同主体履行________性质的工作职责，体现了业务性质和管理性质的差异。

5. 财务与营销是两项不同的工作，财务部门与营销部门是企业中______极其重要的职能部门，二者存在根本上的______。

6. 在我国，会计核算必须遵守《____________》和有关财务制度的规定，符合有关________准则和会计制度的要求，力求会计资料真实、正确、完整，保证________信息的质量。

二、判断题（正确的在括号内画“√”，错误的在括号内画“×”）

1. 会计进行经济核算的目的之一是帮助经济信息使用者作出正确的经济决策。（　　）

2. 营销本质是通过人与人之间的沟通，买者掌握卖的信息，卖者掌握买的信息。（　　）

3. 营销是根据市场需要组织生产产品，并通过销售手段把产品提供给需要

的客户。（ ）

4. 一般认为，营销工作侧重于信息保障和管理，而财务工作则侧重于生产经营、商品经营和市场经营。（ ）

5. 财务工作主要研究生产经营、商品经营和市场经营信息披露。（ ）

三、选择题（将正确答案的代号填在括号内，一题可多选）

1. 财务是（ ）。

A. 以货币为主要计量单位

B. 资金运动过程中所体现的经济关系

C. 一种经济管理活动

D. 营销活动

2. 营销是（ ）。

A. 市场营销的简称

B. 指企业的具体活动或行为

C. 指企业以顾客的需要为出发点的销售行为

D. 满足消费者现实需要和潜在需要的一种手段

3. 财务与营销的关系：（ ）。

A. 企业中两个极其重要的职能部门

B. 同一部门的两个方面

C. 竞争对手

D. 没有联系的职能部门

4. 财务（ ）。

A. 属于会计学科　　B. 是对资金运动的管理

C. 属于市场营销学科　　D. 属于需求管理

5. 营销（ ）。

A. 属于会计学科　　B. 是对资金运动的管理

C. 属于市场营销学科　　D. 属于需求管理

6. 财务对市场营销水平和效果的影响：（ ）。

A. 有重要影响　　　　B. 没有影响

C. 影响不大　　　　D. 关系不大

7. 财务管理中的货币资金管理、应收账款管理、存货管理、信用管理等，与营销活动（　　）。

A. 没有联系

B. 相互影响、相互制约

C. 只有一定的影响，不存在相互制约的关系

D. 只起到制约作用，谈不上影响

8. 企业的出发点和归宿是（　　）。

A. 经营　　　　B. 营利

C. 生产　　　　D. 生存

四、名词解释

财务

五、简答题

1. 简述财务与营销的关系。

2. 简述会计核算业务包括的内容。

第一章　会计概述

第一节　会计的基本概念

一、填空题

1. 从结构来看，会计主要由会计______、会计______、会计______、报表结构和报表项目组成。

2. 会计是一个收集、处理和输送经济信息的________系统。

3. 会计的职能包括________和________两个方面。会计的核算贯穿于经济活动的全过程，它是会计________的职能，也称为__________职能。

4. 会计的对象是指会计所核算和监督的________。企业会计对象是指一个企业在生产、经营过程中能以________表现的经济活动。________、________、________、________、费用和________统称为企业的六大会计要素。

5. 资产指企业过去的交易或者事项形成的，由企业拥有或控制的，预期会给企业带来________的资源。它是企业从事生产经营活动的________。

6. 资产按其流动性通常可分为______________和______________。

7. 负债按偿付期限的长短可分为__________和__________。

8. 所有者权益分为____________、__________、__________和未分配利润。

9. 收入包括____________、____________和营业外收入。

二、判断题（正确的在括号内画“√”，错误的在括号内画“×”）

1. 会计是随着社会制度的发展和经济管理的要求而产生和发展的。（　　）

2. 经济越发展，会计越重要。（　　）

3. 会计工作中的记账、算账和报账体现的是会计的管理职能。（　　）

4. 会计核算中，对可预计发生的损失和获得的收入都不可计算入账。

（　　）

5. 收入、费用、利润是企业生产经营活动中价值运动的静态表现。（　　）

6. 只要是经济资源，都是企业的资产。（　　）

三、选择题（将正确答案的代号填在括号内，一题可多选）

1. 会计的基本职能是（　　）。

A. 核算职能　　B. 检查职能

C. 分析职能　　D. 监督职能

2. 当一笔业务只涉及资产方面有关项目之间的金额增减变化，其会计等式两边的金额（　　）。

A. 同增　　B. 不增不减

C. 同减　　D. 一方增加，一方减少

3. 下列项目中属于资产的有（　　）。

A. 预付账款　　B. 应付票据

C. 预收账款　　D. 应收账款

4. 下列项目中属于非流动资产的有（　　）。

A. 应收账款　　B. 原材料

C. 机器设备　　D. 银行存款

5. 下列项目中属于所有者权益的有（　　）。

A. 收到国家投资　　B. 收到单位投资

C. 盈余公积　　D. 股本溢价

6. 下列项目中构成利润总额的有（　　）。

A. 其他业务利润　　B. 投资收益

C. 营业外收入　　D. 主营业务收入

四、名词解释

1. 会计

2. 负债

3. 所有者权益

五、简答题

1. 简述会计的本质特征。

2. 什么是会计的核算职能和监督职能？二者之间有何关系？

3. 什么是会计要素？会计的基本要素包括哪些项目？

六、综合练习题

综合练习题 1

（1）目的：了解资产、负债及所有者权益的内容。

（2）资料：科目名称。

长期投资	长期借款	短期投资	短期借款
应收账款	应付账款	应付票据	应收票据
现金	物资	长期待摊费用	应交税费
预付账款	预收账款	实收资本	材料采购
应付利润	应付债券	其他应付款	其他应收款
长期应付款	无形资产	预提费用	资本公积
待摊费用	其他货币资金	坏账准备	在建工程
固定资产	应付职工薪酬	本年利润	未分配利润
包装物	低值易耗品	产成品	在产品
盈余公积	累计折旧	其他资产	

（3）要求：根据以上资料，分清资产、负债、所有者权益，并填入表 1—1 中。

表 1—1　　资产、负债及所有者权益

资产		负债		所有者权益
流动资产	非流动资产	流动负债	长期负债	

综合练习题 2

（1）目的：熟悉资产、负债及所有者权益的具体内容及划分。

（2）资料：红旗工厂 12 月有关资料如下。

1）工厂存放在财会部门的现金 2）工厂向银行借入 6 个月期限的借款

3）工厂销售产品取得的收入 4）工厂仓库中存放的钢材

5）工厂支付商品广告费 6）工厂行政部门使用的办公费

7）工厂的机器设备 8）工厂应付给某厂的购货款

9）工厂接受国家投入的资本金 10）工厂支付的银行借款利息

11）工厂应收回的某单位的销货款 12）工厂应付给投资者的利润

13）工厂销售产品支付的运杂费 14）工厂对外投资取得收益的费用

15）工厂对外投资获得的利润

（3）要求：根据以上资料内容，分清会计要素，并按照分类在表 1—2 中相应的栏目内画“√”。

表 1—2 会计要素

序号	资产	负债	所有者权益	收入	费用	利润
1						
2						
3						
4						
5						
6						
7						
8						
9						
10						
11						
12						
13						
14						
15						

第二节　会计核算基础

一、填空题

1. 会计假设包括__________、__________、__________和货币计量四项。

2. 作为一个会计主体，必须具备三个条件：（1）____________________；（2）____________________；（3）____________________，提供反映本主体经济情况的会计报表。

3. 会计核算方法由________、________、填制和审核会计凭证、_________、成本计算、财产清查、____________等具体方法构成。

二、判断题（正确的在括号内画“√”，错误的在括号内画“×”）

1. 凡是资产都具有实物形态。（　　）
2. 费用的发生导致资产和利润的减少。（　　）
3. 预提费用和待摊费用都属于费用。（　　）
4. 所有者权益是指投资者实际投入企业生产经营活动的各种资产。（　　）
5. 会计期间是在企业生产经营活动过程中形成的。（　　）
6. 企业所采用的会计处理方法前后各期必须一致，不得变更。（　　）

三、选择题（将正确答案的代号填在括号内，一题可多选）

1. 会计核算的基本前提包括（　　）。

A. 会计主体假设　　B. 会计分期假设

C. 持续经营假设　　D. 货币计量假设

2. 下列项目中，符合持续经营假设的有（　　）。

A. 经济业务清算会计处理　　B. 固定资产折旧

C. 对递延资产的摊销　　D. 预计固定资产大修理费用

3. 会计核算基本前提与会计实务的关系非常密切，它们从不同角度规定了会计实务工作的常规，即（　　）。

A. 会计主体假设规定了会计的空间范围

B. 持续经营假设与会计分期假设规定了会计工作的时间范围

C. 货币计量假设规定了会计工作的全部内容

D. 货币计量假设从一个方面规定了会计工作的基本内容

四、名词解释

1. 会计主体假设

2. 会计分期假设

3. 持续经营假设

4. 货币计量假设

五、简答题

1. 简述会计核算的方法。

2. 会计核算的四大基本前提之间有何关系?

第三节 会计科目与账户

一、填空题

1. 会计科目按反映的经济内容不同，可以分为资产类、__________、共同类、__________、__________和损益类六大类。

2. 账户的结构是指登记经济业务内容的________格式。经济活动是错综复杂的，在每项经济业务中影响会计对象具体内容发生变动的不外乎______和______两种情况。

二、判断题（正确的在括号内画“√”，错误的在括号内画“×”）

1. 会计科目是设置账户的名称。 （ ）
2. 凡是没有实物形态的资产都是无形资产。 （ ）
3. 资产和权益在数量上不一定相等。 （ ）
4. 预付账款是企业的一项债务。 （ ）
5. 企业接受其他单位投入的设备将引起资产和负债同时增加。 （ ）
6. 资产是企业的各种存货。 （ ）
7. 账户是根据会计科目开设的，账户的内容通过会计科目反映出来。 （ ）
8. 凡是偿还期在一年以上的债务都是长期负债，反之都是流动负债。 （ ）

三、选择题（将正确答案的代号填在括号内，一题可多选）

1. 下列项目中，属于会计核算方法的是（　　）。

A. 复式记账　　B. 账账核对

C. 编制会计报表　　D. 成本计算

2.《企业会计准则》规定，我国企业统一采用（　　）。

A. 增减记账法　　B. 复式记账法

C. 收付记账法　　D. 借贷记账法

3. 采用复式记账法在账户中登记经济业务时，有关账户之间存在（　　）。

A. 对应关系　　B. 从属关系

C. 相互关系　　D. 对立关系

四、名词解释

1. 会计科目

2. 账户

五、简答题

1. 简述会计科目的分类。

2. 在设置会计科目时，应遵循哪些原则？

第四节　借贷记账法

一、填空题

1. 记账方法是根据一定的原理和原则，运用__________单位，利用_______和数字来记录经济业务的方法。我国目前记账方法采用的是________法。

2. 借贷记账法以“______”和“______”为记账符号。

3. 借贷记账法的第一层含义是表示资金增减变动情况。“借”表示资金运动时，一方面表示______、成本、______支出的增加，另一方面表示_______、________、收入成果的减少；“贷”表示资金运动时，一方面表示_________、________、收入成果的增加，另一方面表示______、______、__________的减少。

4. 借贷记账法的记账规则是“______________，____________”。

5. 会计分录有______会计分录和______会计分录两种。

二、判断题（正确的在括号内画“√”，错误的在括号内画“×”）

1. 损益类账户的结构与资产类账户的结构相同。（　　）

2. 成本类账户的结构与资产类账户的结构相同。（　　）

3. 总分类账户与明细分类账户互为对应账户。（　　）

4. 每一笔经济业务的借方发生额应等于贷方发生额。（　　）

5. 在借贷记账法下，所有账户的借方登记增加数，贷方登记减少数。（　　）

6. 预收账款增加应记在借方。 （ ）

7. 收入增加 10 000 元，所有者权益也增加 10 000 元。 （ ）

三、选择题（将正确答案的代号填在括号内，一题可多选）

1. 下列账户中，期末有借方余额的是（ ）。

A. 应收账款　　B. 预付账款

C. 实收资本　　D. 预收账款

2. 下列账户中，期末有贷方余额的是（ ）。

A. 银行存款　　B. 短期借款

C. 资本公积　　D. 应付账款

3. 简单分录即为（ ）。

A. 一借多贷的分录　　B. 一借一贷的分录

C. 一贷多借的分录　　D. 多借多贷的分录

4. 为了辨明账户间的对应关系，会计分录允许出现的形式有（ ）。

A. 一借一贷的分录　　B. 一借多贷的分录

C. 一贷多借的分录　　D. 多借多贷的分录

5. 下列账户中，经济特征与资产类相似，其账户结构基本相同的是（ ）。

A. 制造费用　　B. 累计折旧

C. 短期借款　　D. 管理费用

四、名词解释

1. 借贷记账法

2. 会计分录

五、简答题

1. 借贷记账法的基本结构是怎样的?

2. 在借贷记账法下，编制会计分录应遵循哪几个步骤?

六、综合练习题

综合练习题 1

（1）目的：练习会计要素的变化类型。

（2）资料：会计要素的变化类型见表 1—3。

表 1—3　　会计要素的变化类型

经济业务	资产		负债		所有者权益	
	增加	减少	增加	减少	增加	减少
1. 用银行存款 1 000 元购买原材料						
2. 将资本公积 5 000 元转增资本						
3. 向银行提取现金 500 元						
4. 向银行借款 10 000 元（一年），存入银行						
5. 收到所有者投入的设备，计价 20 000 元						
6. 经批准，企业用银行存款退回所有者投资 100 000 元						
7. 用银行存款 30 000 元归还长期借款						
8. 将盈余公积金 16 000 元转为职工福利费						

续表

经济业务	资产		负债		所有者权益	
	增加	减少	增加	减少	增加	减少
9. 购进原材料 5 000 元，货款未付						
10. 甲企业将前欠乙企业的货款 100 000 元转为乙企业对甲企业的投资						
11. 用短期借款 5 000 元归还前欠货款						
12. 将以前年度的未分配利润 40 000 元分给投资者						
13. 接受无形资产捐赠，计价 7 000 元						
14. 用盈余公积金弥补以前年度的亏损 8 000 元						

（3）要求：分析表 1—3 资料中经济业务引起会计要素变化的类型，确定其会计科目，填入相应的会计要素栏内，观察其变化类型。

综合练习题 2

（1）目的：练习账户的基本结构。

（2）资料：通达工厂的经济业务如下。

1）通达工厂 12 月 1 日，有关账户期初余额如下：

银行存款　80 000 元　　　　短期借款　50 000 元

实收资本　200 000 元　　　管理费用　0 元

2）12 月发生的涉及以上 4 个账户的经济业务如下：

12 月 5 日，通达工厂用银行存款 20 000 元归还银行短期借款。

12 月 8 日，通达工厂开出现金支票，支付办公用品费 400 元。

12 月 11 日，通达工厂收到甲投资者的投资款 150 000 元，存入银行存款户。

12 月 14 日，通达工厂用银行存款支付厂部发生的电话费 1 100 元。

12 月 15 日，通达工厂向银行贷款 80 000 元，存入银行存款户，还款期为 5 个月。

12 月 18 日，经批准，通达工厂代替乙投资者偿还应付账款 50 000 元（减少乙投资者的资金），款项以银行存款支付。

12 月 21 日，通达工厂收到丙投资者从银行转来的投资款 100 000 元。

12 月 24 日，通达工厂以银行存款支付厂部会议费 1 000 元。

12 月 27 日，通达工厂从银行划出款项偿付银行短期借款 60 000 元。

12 月 31 日，通达工厂将本月发生的管理费用从“管理费用”账户结转到“本年利润”账户。

（3）要求

1）根据资料 1），开设“银行存款”“短期借款”“实收资本”“管理费用”丁字形账户。

2）根据资料 2）所列经济业务，登记丁字形账户。

综合练习题 3

（1）目的：练习各类账户期初余额、本期发生额与期末余额之间的关系。

（2）资料：某工厂 12 月部分账户资料见表 1—4。

表 1—4　某工厂 12 月部分账户资料

账户名称	期初余额	本期借方发生额	本期贷方发生额	期末余额
银行存款	45 000		19 540	56 450
固定资产	180 000	20 000	46 000	
短期借款	100 000	50 000		150 000
应付账款		25 000	9 000	180 000
实收资本	260 000		240 000	500 000
资本公积	80 000	30 000	40 000	
主营业务收入	0	500 000		
主营业务费用		30 000		0

（3）要求：根据上述资料，计算有关账户的未知数，并将计算结果填入表中有关栏目。

综合练习题 4

（1）目的：练习账户期初余额、本期发生额、期末余额之间的关系。

（2）资料：东风公司 12 月各有关账户记录见表 1—5。

表 1—5　　东风公司 12 月各有关账户记录

账户名称	期初余额		本期发生额		期末余额	
	借方	贷方	借方	贷方	借方	贷方
库存现金	1 000			2 500	1 200	
银行存款	180 000		120 000		240 000	
应收账款			85 000	76 000	15 000	
原材料	150 000		190 000	167 200		
产成品			48 000	73 000	120 000	
固定资产	320 000			60 000	380 000	
短期借款		120 000		50 000		160 000
应付账款			78 000	80 000		94 000
实收资本		500 000		100 000		600 000
资本公积		90 000	45 000	30 000		
合计						

（3）要求：分析上述资料，先填充有关栏目后，再说明账户期初余额、本期发生额、期末余额之间的关系。

综合练习题 5

（1）目的：练习借贷记账法。

（2）资料：某工厂 12 月发生的有关经济业务如下。

12 月 3 日，该工厂收到国家对企业的投资 30 000 元，存入银行。

12 月 6 日，该工厂以银行存款 20 000 元偿还银行短期借款。

12 月 9 日，该工厂从银行提取现金 1 000 元备用。

12 月 11 日，该工厂收到购货单位偿还的前欠货款 15 000 元，其中 14 000 元已存入银行。

12 月 15 日，该工厂以银行存款 25 000 元偿付前欠某单位的货款。

12 月 18 日，该工厂向银行申请借款 50 000 元并已存入银行，还款期限为 6 个月。

12 月 20 日，该工厂向红光工厂购入甲原材料计 100 000 元，增值税税额 13 000 元，款项尚未支付（提示：增值税借记“应交税费——应交增值税”账户）。

12 月 24 日，该工厂向春光工厂购入甲原材料一批，计货款 150 000 元，增值税税额 19 500 元，合计 169 500 元，开出转账支票支付 25 500 元，余款付给商业汇票一张（提示：增值税处理同上）。

12 月 28 日，该工厂收到通顺工厂的投资 80 000 元，其中 20 000 元用于偿还某单位的货款，余款存入银行。

12 月 30 日，该工厂将资本公积 30 000 元转增资本。

（3）要求：根据上述资料，用借贷记账法编制会计分录。

综合练习题 6

（1）目的：运用借贷记账法编制会计分录，登记总分类账及明细分类账。

（2）资料：大阳工厂发生的经济业务如下。

1）大阳工厂 6 月 30 日总分类账各账户及部分明细分类账户余额见表 1—6。

表 1—6　大阳工厂 6 月 30 日总分类账各账户及部分明细分类账户余额

资产类账户	余额（元）	负债及所有者权益类账户	余额（元）
现金	200	应付账款	45 000
		其中：利阳工厂 25 000	
银行存款	34 650	新阳工厂 20 000	
应收账款	40 000	实收资本	300 000
其中：大阳工厂 20 000			
中富工厂 20 000			
其他应收款	150		
原材料	70 000		
固定资产	200 000		
合计	345 000	合计	345 000

2）大阳工厂 7 月 1 日至 5 日发生的经济业务如下（工业企业费用开支记入“制造费用”“管理费用”账户）：

1 日，光明工厂归还前欠大阳工厂货款 20 000 元，存入银行。

1 日，国家投资大阳工厂新建厂房一幢，价值 150 000 元，经验收投入使用。

2 日，大阳工厂从银行存款中提取现金 300 元。

2 日，大阳工厂以现金支付管理部门电话费 285 元及职工报销市内交通费 42.70 元。

3 日，大阳工厂生产车间领用原材料 28 450 元，投入生产。

3 日，大阳工厂以银行存款偿还利阳工厂货款 25 000 元。

4 日，大阳工厂采购员张华报销差旅费 128 元，交回现金 22 元，结清前暂借差旅费 150 元。

4 日，大阳工厂向利阳工厂购入原材料 35 000 元，已验收入库，货款尚未支付。

5 日，大阳工厂以银行存款支付车间电费 800 元。

5 日，大阳工厂收到中富工厂还来货款 10 000 元，存入银行。

（3）要求

1）根据资料 1），开设总分类账户和应收账款、应付账款明细分类账户，记入期初余额。

2）根据资料 2）编制会计分录，逐笔登记总分类账户及明细分类账户。

第二章　会计凭证与账簿

第一节　会计凭证

一、填空题

1. 会计凭证和账簿是会计核算的________工作。

2. 填制和审核会计凭证是会计工作的______和______环节。正确填制和严格审核会计凭证是__________的前提和依据，是会计核算的__________基础工作，也是实行会计____________的一种专门方法。

3. 原始凭证是指在经济业务发生时，由业务经办人员直接取得或填制的，载明经济业务具体内容的______书面证明。它是证明经济业务__________，经济责任已经明确，进行会计核算的__________资料和重要依据，是会计资料中最具有______效力的一种证明文件。

4. 按来源分类，原始凭证可分为________和________。按填制手续的次数分类，原始凭证可分为________和________。

5. 记账凭证按其内容形式不同，可分为________和________。

6. 单式记账凭证是按________项经济业务内容所涉及的会计科目分别填制的记账凭证。单式记账凭证的主要特点是:______会计科目填制________记账凭证，经济业务涉及______会计科目就要填制几张记账凭证。

7. 原始凭证的填制要求:（1）填制及时;（2）________;（3）真实可靠;（4）________;（5）________。

8. 记账凭证的填写要求和方法如下:（1）严格审核原始凭证;（2）____________;（3）____________________;（4）正确填写记账凭证的日期;（5）__________;（6）准确填写附件张数;（7）__________;（8）印章齐全，责任明确。

二、判断题（正确的在括号内画“√”，错误的在括号内画“×”）

1. 会计凭证都是由会计人员填制的。（ ）

2. 从银行提取现金，一般应填制收款凭证。（ ）

3. 将现金送存银行，一般应填制付款凭证。（ ）

4. 原始凭证都不是由会计人员填制的，而是由有关单位和本单位有关人员填制的。（ ）

5. 记账凭证只能根据原始凭证填制。（ ）

6. 只有审核无误的记账凭证才能作为登记账簿的依据。（ ）

7. 会计凭证的整理主要是对原始凭证的整理。（ ）

8. 原始凭证都是一次凭证。（ ）

三、选择题（将正确答案的代号填在括号内，一题可多选）

1. 下列单据中，属于原始凭证的有（ ）。

A. 收料单　　B. 购货发票

C. 购货合同　　D. 银行进账单

2. 会计凭证是（ ）的依据。

A. 复式记账　　B. 登记账簿

C. 设置账户　　D. 编制会计报表

3. 填制原始凭证的基本要求是（ ）。

A. 完整、正确、合理、合法

B. 完整、正确、真实、合法

C. 及时、完整、真实、合法

D. 填制及时、内容完整、真实可靠、清楚规范、责任明确

4. 记账凭证按其反映的经济业务内容不同，可分为（ ）。

A. 收款凭证　　B. 付款凭证

C. 转账凭证　　D. 记账凭证汇总表

5. 将现金存入银行应填制（ ）。

A. 银行收款凭证　　　　B. 现金付款凭证

C. 转账凭证　　　　D. 银行付款凭证

6. “限额领料单”按填写次数分类属于（　　），按来源分类属于（　　）。

A. 一次凭证　　　　B. 累计凭证

C. 自制凭证　　　　D. 外来凭证

7. 应采用订本式账簿的有（　　）。

A. 总分类账　　　　B. 明细分类账

C. 备查账　　　　D. 序时账

8. 应采用活页式账簿的有（　　）。

A. 总分类账　　　　B. 明细分类账

C. 备查账　　　　D. 序时账

四、名词解释

1. 会计凭证

2. 记账凭证

五、简答题

1. 会计凭证应如何分类?

2. 简述原始凭证的基本内容。

3. 简述记账凭证的基本内容。

六、综合练习题

综合练习题 1

（1）目的：练习原始凭证的填制。

（2）资料：兴隆有限公司（开户银行为洪达办事处，银行账号为 510-110，纳税登记号简称 AE）5 月发生的经济业务如下。

1）5 月 5 日，公司销售给红光工厂 B 产品 200 件，每件售价 150 元，价款 30 000 元，增值税税额 3 900 元，价税款已送存银行。

试代替公司销售部门填写增值税专用发票（见表 2—1）。已知红光工厂的银行账号为 1000002，纳税登记号简称 BF。

表 2—1　增值税专用发票

<table>
<tr><td colspan="8">3502264320　　某某增值税专用发票　　№ 0123456789
发票联　　3502161330
1280322865
校验码　　开票日期：20　年</td></tr>
<tr><td>购货单位</td><td colspan="4">名　　称：
纳税人识别号：
地 址、电 话：
开户行及账号：</td><td>密码区</td><td colspan="2"></td></tr>
<tr><td>货物或应税劳务、服务名称

合计</td><td>规格型号</td><td>单位</td><td>数量</td><td>单价</td><td>金额</td><td>税率</td><td>税额</td></tr>
<tr><td>价税合计（大写）</td><td colspan="7">（小写）¥</td></tr>
<tr><td>销售单位</td><td colspan="4">名　　称：
纳税人识别号：
地 址、电 话：
开户行及账号：</td><td>备注</td><td colspan="2"></td></tr>
<tr><td colspan="8">收款人：　　复核：　　开票人：　　销售方：（章）</td></tr>
</table>

税总函（2019）888 号　有限公司

第二联：发票联　购货方记账凭证

2）5 月 8 日，公司员工李江预支差旅费 1 000 元，出纳员根据借支单开出现金支票付款。

试代替李江填写一张借支单（见表 2—2），替出纳员开具一张现金支票（见表 2—2）。

表 2—2　借支单

借支单　　20　年　月　日

<table>
<tr><td>工作部门</td><td></td><td>职务</td><td></td><td>姓名</td><td></td><td>盖章</td><td></td></tr>
<tr><td>借款金额</td><td colspan="7"></td></tr>
<tr><td>借款原因</td><td colspan="3"></td><td>附件</td><td colspan="3"></td></tr>
<tr><td>归还日期</td><td colspan="7"></td></tr>
<tr><td>核批</td><td colspan="7"></td></tr>
</table>

会计：　　出纳：　　制单：

中国工商银行现金支票　　　　支票号码 No：902901

签发日期 20×× 年 12 月 18 日　　　　　　　　　　开户银行名称：

<table>
<tr><td colspan="2">收款单位（收款人）名称</td><td colspan="12">签发单位账号</td></tr>
<tr><td colspan="3" rowspan="2">人民币（大写）</td><td>亿</td><td>千</td><td>百</td><td>十</td><td>万</td><td>千</td><td>百</td><td>拾</td><td>元</td><td>角</td><td>分</td></tr>
<tr><td></td><td></td><td></td><td></td><td></td><td></td><td></td><td></td><td></td><td></td><td></td></tr>
<tr><td colspan="3">用途或预算科目或现金出纳计划项目：</td><td colspan="11" rowspan="2">银行会计分录
科目（付）________
付款日期　　年　月　日
出纳：　　复核：　　记账：</td></tr>
<tr><td colspan="3" rowspan="2">上列账款申请由______账户付给
签发单位盖章</td></tr>
<tr><td colspan="5">贴对号单处</td><td colspan="6"></td></tr>
</table>

3）5 月 10 日，公司经批准向银行借入生产周转借款 100 000 元，款项已于当日划入银行存款户。

试代为填写一张借款借据（见表 2—3）。

表 2—3　　　　　　　　借款借据

借款借据　　　　　　　　年　月　日

<table>
<tr><td colspan="2">借款单位名称</td><td colspan="3"></td><td>行业</td><td colspan="4"></td><td colspan="3">放款户账号</td><td colspan="2"></td></tr>
<tr><td colspan="2">借款金额</td><td colspan="2">人民币（大写）</td><td>千</td><td>百</td><td>十</td><td>万</td><td>千</td><td>百</td><td>十</td><td>元</td><td>角</td><td>分</td></tr>
<tr><td colspan="2">银行核定金额</td><td colspan="2">人民币（大写）</td><td></td><td></td><td></td><td></td><td></td><td></td><td></td><td></td><td></td><td></td></tr>
<tr><td rowspan="2">用途</td><td rowspan="2"></td><td colspan="2">单位申请期限</td><td colspan="10">年　月　日</td></tr>
<tr><td colspan="2">银行核定期限</td><td colspan="10">年　月　日</td></tr>
<tr><td colspan="9">上列借款已核准发放，并转入　　　企业账号。
银行签章　　　　年　月　日</td><td colspan="5"></td></tr>
</table>

会计主管：　　　　　　　　复核：　　　　　　　　记账：

4）5 月 15 日，公司按工资总额的 14% 计提职工福利费。已知本月应付职工工资 180 000 元，其中：生产工人工资总额为 140 000 元，车间管理人员工资为 30 000 元，行政管理人员工资为 10 000 元。

试代为填写一张职工福利费计算单（见表 2—4）。

表 2—4　　　　　　　　　　职工福利费计算单

职工福利费计算单　　　　　　　　年　月　日

对象	工资总额	提取比例	应计提职工福利费

5）5 月 20 日，公司开据信汇结算凭证 20 000 元，预付购货款给上海市群力工厂。群力工厂开户银行是工商银行上海市徐汇办事处，银行账户为 8111211。

试代为开据一份信汇结算凭证（见表 2—5）。

表 2—5　　　　　　　　　　信汇结算凭证

中国工商银行信汇凭证（回单）

委托日期:　　　年　月　日

汇款单位编号:　　　　　　　　　　　　　　　　第　　号

<table>
<tr><td rowspan="3">汇款人</td><td>全称</td><td colspan="3"></td><td rowspan="2">收款人</td><td>全称</td><td colspan="3"></td></tr>
<tr><td>账号
或地址</td><td colspan="3"></td><td>账号</td><td colspan="3"></td></tr>
<tr><td>汇出
地点</td><td>省</td><td>市
县</td><td>汇出行
名称</td><td></td><td>汇入
地点</td><td>省</td><td>市
县</td><td>汇入行
名称</td></tr>
<tr><td rowspan="2">金额</td><td rowspan="2" colspan="4">人民币
（大写）</td><td colspan="5">千　百　万　千　百　十　元　角　分</td></tr>
<tr><td colspan="5"></td></tr>
<tr><td colspan="7">上列款项已根据委托办理，如需查询，请持此回单来行面洽。</td><td colspan="3" rowspan="2">（汇出行盖章）

年　月　日</td></tr>
<tr><td colspan="7">单位主管　　会计　　复核　　记账</td></tr>
</table>

综合练习题 2

（1）目的：练习记账凭证的填制方法。

（2）资料：参见综合练习题 1 资料。

（3）要求

1）根据综合练习题 1 资料分别填制收款凭证、付款凭证和转账凭证。

2）根据综合练习题 1 资料分别填制通用格式的记账凭证。

注：本习题册涉及的各种记账凭证、账簿由教师统一组织发放。

综合练习题 3

（1）目的：练习收款凭证的填制方法。

（2）资料：某企业 6 月发生下列经济业务。

6 月 2 日，企业收到国家投资 10 000 元，存入银行。

6 月 3 日，企业向银行借入款项 100 000 元，存入银行，借款期限为两年。

6 月 5 日，企业收到上月销货款 20 000 元，存入银行。

6 月 7 日，企业销售甲材料 100 千克，售价 4 元 / 每千克，计 400 元，增值税税额 52 元，收到现金。

6 月 10 日，企业出售废报纸，收入现金 60 元（提示：废报纸出售收入作“营业外收入”处理）。

6 月 11 日，企业采购员王平交回现金 300 元，还清上月预借款。

6 月 16 日，企业销售 A 产品 80 件，每件售价 100 元，计 8 000 元，增值税税额 1 040 元，价税款已收存银行。

6 月 20 日，企业出售固定资产（机器设备）一台，计价 42 000 元，款项收存银行（提示：固定资产出售收入应记入“固定资产清理”账户核算）。

6 月 22 日，企业发行企业债券 1 000 张，每张面值 1 000 元，共计 1 000 000 元，款已收存银行。

6 月 26 日，企业收到对外投资收入 5 000 元，存入银行。

（3）要求：根据以上资料填制收款凭证。

综合练习题 4

（1）目的：练习付款凭证的填制方法。

（2）资料：某企业 6 月发生下列有关经济业务。

6 月 4 日，企业购入甲材料 15 000 元，增值税税额 1 950 元，价税款当即以银行存款支付，材料未收到。

6 月 6 日，企业以现金购买办公用品计 21 元，交行政管理部门使用。

6 月 7 日，企业以现金支付厂部职工报销的市内交通费 78 元。

6 月 9 日，企业车间管理人员报销费用计 48 元，以现金支付。

6 月 10 日，企业以银行存款 20 000 元归还短期借款。

6 月 12 日，企业以银行存款 10 000 元偿还前欠购货款。

6 月 14 日，企业采购员王宠预借差旅费 2 000 元，开出现金支票支付。

6 月 15 日，企业车间修理工具，以现金支付修理费 200 元。

6 月 16 日，企业以现金支付本月职工工资 100 000 元。

6 月 26 日，企业以银行存款支付发行债券手续费 1 000 元。

6 月 27 日，企业向银行提取现金 200 元。

6 月 27 日，企业购入 W 产品专有技术计价 40 000 元，以银行存款支付。

（3）要求：根据以上资料填制付款凭证。

综合练习题 5

（1）目的：练习转账凭证的填制方法。

（2）资料：某企业 6 月发生下列经济业务。

6 月 8 日，企业生产 A 产品领用甲材料计 26 080 元，车间一般耗用甲材料 420 元。

6 月 10 日，企业从胜利工厂购入甲材料一批，计 30 000 元，增值税税额 3 900 元，价税款尚未支付。

6 月 12 日，企业售给某公司 A 产品 120 件，每件售价 100 元，计 12 000 元，增值税税额 1 560 元，收到商业汇票一张。

6 月 14 日，经确定原四通工厂货款 2 000 元无法收回，企业报经批准作坏账损失处理。

6 月 22 日，企业计算本月固定资产折旧费 2 800 元，其中：基本生产车间 1 800 元，行政管理部门 1 000 元。

6 月 24 日，企业结算分配本月职工工资 90 000 元，其中：生产工人工资 70 000 元，车间管理人员工资 4 000 元，行政管理人员工资 16 000 元。

6 月 24 日，企业按工资总额的 14% 提取福利费。

6 月 28 日，企业采购员王丹出差回厂，报销差旅费计 2 000 元，冲减本月预借款。

6 月 28 日，企业接受蓝天公司投资的机器设备一台，计 60 000 元。

（3）要求：根据以上资料填制转账凭证。

第二节　账簿

一、填空题

1. 会计账簿是指由一定格式的账页组成的，以经过审核的________为依据，全面、系统、连续地记录各项经济业务的______。

2. 按用途不同，账簿可分为________、________和备查账簿。按账页格式的不同，账簿可以分为________账簿、________账簿、多栏式账簿和__________账簿四种。

3. 特种日记账主要有________日记账和________日记账，一些企业还可视具体情况开设________日记账和购货日记账。

4. 库存现金日记账是由出纳人员根据现金____凭证、____凭证和银行存款____凭证，按经济业务发生的先后顺序逐____逐____进行登记的日记账。

5. 总分类账的登记方式因单位而异。经济业务少的小型单位，可采用______登记的方式，即根据________逐笔地直接登记总账；经济业务多的大、中型单位，可采用________方式，即根据______表、______等定期汇总一次登记总账。

6. 账簿错误的查找方法，即（1）_________；（2）_________。

二、判断题（正确的在括号内画“√”，错误的在括号内画“×”）

1. 库存现金日记账和银行存款日记账必须采用订本式账簿。（　　）

2. 备查簿是一种补充账簿，用于记载日记账和明细分类账中未能登记的事项，以备查考。（　　）

3. 总分类账和明细分类账一般采用活页账簿。（　　）

4. 企业对于只登记金额、不登记实物数量的经济业务的核算采用数量金额式明细分类账。（　　）

5. 明细分类账必须采用订本式。（ ）

6. 在登记账簿时，将记账凭证的金额 38 700 元错误地登记为 37 800 元，结账时发现错误，应采用划线更正法进行更正。（ ）

7. 登记账簿时可以用蓝黑墨水笔书写，也可以用圆珠笔书写，但不得用铅笔书写。（ ）

8. 产生错账只可能是由于记账凭证填错而引起的。（ ）

三、选择题（将正确答案的代号填在括号内，一题可多选）

1. 记账或结账后发现记账凭证记录错误，应采用（ ）来更正。

A. 划线更正法　　B. 红字更正法

C. 补充登记法　　D. 平行登记法

2. 错账的更正方法有（ ）。

A. 划线更正法　　B. 余额调整法

C. 红字冲销法　　D. 补充登记法

四、名词解释

1. 序时账

2. 总分类账

五、简答题

1. 总分类账和明细分类账的关系是什么？

2. 产生错账的原因有哪些？查错的一般程序是什么？

六、综合练习题

综合练习题 1

（1）目的：练习总分类账和明细分类账的平行登记。

（2）资料

1）某工厂 6 月有关总分类账期初余额见表 2—6。

2）某工厂 6 月有关明细分类账期初余额如下：

6 月“原材料”明细分类账余额见表 2—7。

表 2—6　　总分类账期初余额

账户名称	借方金额（元）	账户名称	贷方金额（元）
库存现金	10 200	累计折旧	1 250 000
银行存款	70 000	短期借款	130 000
应收账款	10 000	应付账款	31 000
其他应收款	200	应交税费	2 000
材料采购	64 000	应付职工薪酬	12 000
制造费用		预提费用	6 000
原材料	200 000	长期借款	1 040 000
生产成本	456 600	实收资本	800 000
固定资产	2 500 000	未分配利润	40 000
合计	3 311 000	合计	3 311 000

表 2—7　　原材料明细分类账期初余额

原材料名称	计量单位	数量	单价	金额（元）
A 原材料	吨	1 000	100	100 000
B 原材料	吨	700	80	56 000
C 原材料	千克	200	220	44 000
合计				200 000

应收账款明细分类账期初余额（元）：

四通公司	4 000
发达公司	6 000
合计	10 000

其他应收款明细分类账期初余额（元）：

王平	70
李方	130
合计	200

应付账款明细分类账期初余额（元）：

前进工厂	19 790
光明工厂	5 030
光明工厂	6 180
合计	31 000

3）该工厂 6 月发生的有关经济业务如下：

6 月 2 日，工厂生产领用材料合计 96 000 元，其中：A 材料 500 吨，单价 100 元 / 吨，计 50 000 元；B 材料 300 吨，单价 80 元 / 吨，计 24 000 元；C 材料 100 千克，单价 220 元 / 千克，计 22 000 元。

6 月 4 日，工厂从银行提取现金 300 元备用。

6 月 5 日，工厂接到银行通知，收到四通公司还来前欠购货款 4 000 元。

6 月 7 日，工厂将现金 350 元送存银行。

6 月 8 日，工厂员工李方出差归来，报销差旅费计 150 元。

6 月 11 日，工厂收到发达公司还来前欠购货款 3 000 元，款项送存银行。

6 月 15 日，工厂用银行存款归还前欠前进工厂的货款 19 790 元。

6 月 17 日，工厂购回下列材料：A 材料 200 吨，单价 100 元 / 吨，计 20 000 元；C 材料 200 千克，单价 220 元 / 千克，计 44 000 元；共计货款 64 000 元，增值税税额 8 320 元。价税款以银行存款支付，材料验收入库。

6 月 20 日，工厂向明星工厂销售 B 材料 200 吨，每吨售价 100 元，计 20 000 元，增值税税额 2 600 元，已委托银行向明星工厂办妥收款手续。

6月20日，工厂结转销售B材料实际成本计16 000元。

6月24日，工厂员工张明出差预借差旅费400元，开出现金支票支付。

6月26日，工厂员工王平交来现金50元，冲减预借款。

（3）要求

1）根据资料1）和资料2）设置总分类账和明细分类账，并登记期初余额。

2）根据资料3）填制记账凭证，并平行登记有关总分类账和明细分类账。

3）分别计算有关明细分类账的本期发生额和余额，并与总分类账核对相符。

4）编制总分类账发生额和余额对照表。

综合练习题 2

（1）目的：练习错账的查找及更正方法。

（2）资料：振兴工厂 6 月有关总分类账、银行存款日记账和明细分类账记录见表 2—8 至表 2—15。

表 2—8　　总分类账

账户名称：银行存款

××年		凭证号数	摘要	借方	贷方	借或贷	余额
月	日						
6	1		期初余额			借	300 000
			（略）				
6	30		本期发生额及余额	146 900	132 310	借	314 590

表 2—9　　总分类账

账户名称：其他应收款

××年		凭证号数	摘要	借方	贷方	借或贷	余额
月	日						
6	1		期初余额			借	2 400
			（略）				
6	30		本期发生额及余额	1 800	3 396	借	804

表 2—10　　总分类账

账户名称：应交税费

××年		凭证号数	摘要	借方	贷方	借或贷	余额
月	日						
6	1		期初余额			借	118 450
			（略）				
6	30		本期发生额及余额	132 150	121 604	借	128 996

表 2—11　　银行存款日记账

××年		凭证		摘要	对方科目	收入	支出	结余
月	日	字	号					
6	1			期初余额				300 000
	1	银收	601	投入现金	实收资本	25 000		325 000

续表

××年		凭证		摘要	对方科目	收入	支出	结余
月	日	字	号					
	1	银付	601	归还短期借款	短期借款		10 000	315 000
	2	银付	602	偿还应付账款	应付账款		25 000	290 000
	4	现付	601	存入现金	库存现金	11 650		301 650
	6	银付	603	提现	库存现金		2 400	299 250
	12	银收	602	收回应收账款	应收账款	58 500		357 750
	15	银付	604	支付物资采购款	材料采购		46 800	310 950
	17	银付	605	支付采购运费	材料采购		1 520	309 430
	19	银付	606	支付广告费	主营业务成本		2 500	306 930
	22	银付	607	支付电费	管理费用		2 350	304 580
	25	银收	603	收到销售款	主营业务收入	51 750		356 330
	27	银付	608	支付销售费用	主营业务成本	470		356 800
	28	银付	609	缴纳税款	应交税费		41 540	315 260
	30			本期发生额及余额				

表 2—12　　其他应收款明细账

明细账户：向东

××年		凭证		摘要	借方	贷方	借或贷	余额
月	日	字	号					
6	1			期初余额			借	1 500
6	8	略	略	报销差旅费		1 250	借	250
6	15			预借差旅费	1 000		借	1 250
6	24			报销差旅费		845	借	405
6	28			交回现金		405	平	—0—
6	30			本期发生额及余额	1 000	2 500	平	—0—

表 2—13　　其他应收款明细账

明细账户：黄清

××年		凭证		摘要	借方	贷方	借或贷	余额
月	日	字	号					
6	1			期初余额			借	900
6	10	略	略	报销差旅费		887	借	13
6	20			借支差旅费	800	405	借	813
6	30			本期发生额及余额	800	887	借	813

表 2—14 应交税费明细账

明细账户：应交增值税

××年		凭证	摘要	借方	贷方	借或贷	余额
月	日	字号					
6	1		期初余额			贷	50 000
6	7		缴纳增值税	35 000		贷	15 000
	5		进项税额	4 850		贷	10 150
	8		销项税额		17 154	贷	27 304
	17		销项税额		26 450	贷	53 754
	18		进项税额	6 850		贷	46 904
	30		本期发生额及余额	46 700	43 604	贷	46 904

表 2—15 应交税费明细账

明细账户：应交所得税

××年		凭证	摘要	借方	贷方	借或贷	余额
月	日	字号					
6	1		期初余额			贷	68 450
6	10		缴纳税款	68 450		平	—0—
6	30		应交所得税		78 000	贷	78 000
6	30		本期发生额及余额	48 450	78 000	贷	78 000

1）经查对，“银行存款”总分类账记录没有错误，结账不正确，“银行存款日记账”记录有误。

2）经查对，“其他应收款”总分类账按记账凭证记录无误，而明细分类账则按原始凭证记录也无误。

3）经查对，“应交税费”总分类账记录本无误，明细账分类借方发生额漏记。

（3）要求

1）根据以上账簿资料查找错账，并指出错误原因和结果。

2）采用正确的更正方法更正账簿中的错账。

综合练习题 3

（1）目的：练习错账的更正方法。

（2）资料：某企业将账簿记录与记账凭证核对时，发现如下错账业务。

1）7 月 2 日，企业开出现金支票 600 元，支付企业管理部门的办公费。

原编制的会计分录为：

借：管理费用　　600

　　贷：库存现金　　600

更正

2）7 月 10 日，企业生产领用材料一批，计 5 000 元。

原编制的会计分录为：

借：生产成本　　500

　　贷：材料　　600

更正

3）7 月 12 日，企业销售部门报销办公用品一批，计 160 元，以现金支付。

原编制的会计分录为：

借：管理费用　　160

　　贷：库存现金　　160

更正

4）7 月 15 日，企业开出商业汇票一张，支付材料采购货款 48 000 元，增值税税额 6 240 元，合计 54 240 元。

原编制的会计分录为：

借：材料采购　54 240

　　贷：应付票据　54 240

更正

5）7 月 18 日，企业签发转账支票预付下半年办公用房屋租金 30 000 元。

原编制的会计分录为：

借：管理费用　5 000

　　预提费用　25 000

　　贷：银行存款　30 000

更正

6）7 月 20 日，企业结算本月应付职工薪酬，其中：生产人员工资为 140 000 元，车间管理人员工资为 54 000 元。

原编制的会计分录为：

借：生产成本　140 000

　　管理费用　45 000

　　贷：应付职工薪酬　185 000

更正

7）7月21日，企业生产产品完工并验收入库，实际成本为23 500元。

原编制的会计分录为：

借：产成品　　25 300

　　贷：生产成本　　25 300

更正

8）7月25日，企业员工向东报销差旅费600元，退回余款100元。

原编制的会计分录为：

借：管理费用　　600

　　库存现金　　100

　　贷：应收账款　　700

尚未登记入账。

更正

9）7月27日，企业销售产品一批，计200 000元，增值税税额26 000元，款项已向银行办妥托收手续。

原编制的会计分录为：

借：银行存款　　262 000

　　贷：应交税费——应交增值税（销项税额）　　6 200

　　　　主营业务收入　　200 000

更正

10）7月28日，企业结转本月产品销售成本450 000元。

原编制的会计分录为：

借：主营业务成本 450 000

贷：产成品 450 000

登记账簿时误记为 45 000 元。

更正

（3）要求：对以上各题的错误记录进行分析，并采用适当的方法予以更正。

第三章　结算业务

第一节　现金结算方式

一、填空题

1. 现金结算主要有两种渠道：一种是付款人直接将__________支付给收款人，不通过银行等中介机构；另一种是付款人委托__________________或非金融机构（如邮政）将现金支付给收款人。

2. 为了总括反映企业库存现金的收入、支出和结存情况，应设置“________”账户，该账户借方登记现金的__________，贷方登记现金的__________，期末余额在________，反映企业实际持有的库存现金的金额数。

3. 不得擅自坐支________；不允许白条________，不允许公款______，不允许私设“小金库”。

二、判断题（正确的在括号内画“√”，错误的在括号内画“×”）

1. 现金是企业流动性最大的一种货币资金。（　　）

2. 我国所采用的现金概念包括库存现金和视同现金的各种银行存款、流通证券等。（　　）

3. 企业库存现金一律实行限额管理，其限额一般应以企业 3 ~ 5 天零星开支的现金需要量为准。（　　）

4. 出纳人员可以兼管收入、费用、债权、债务账簿的登记工作和会计档案保管工作。（　　）

5. 国家规定，独立核算的单位不一定要在当地银行开设账户。（　　）

三、选择题（将正确答案的代号填在括号内，一题可多选）

1. 我国企业、事业单位会计上所称的“现金”是（　　）。

A. 企业零星业务开支的库存现金

B. 库存现金及各种银行存款和流通证券

C. 狭义的现金概念

D. 广义的现金概念

2. 特殊情况下，企业库存现金限额最多不能超过（ ）天零星开支的现金需要量。

A. 10　　B. 15

C. 20　　D. 3 ~ 5

3. 现金须日清月结，如有出入应及时查明原因，做到（ ）。

A. 账实相符　　B. 账账相符

C. 账实相符、账账相符　　D. 账证相符

4. 登记库存现金日记账，对于当天的收支款项（ ）入账。

A. 第二天　　B. 当天

C. 第三天　　D. 不论何时都可以

四、名词解释

库存现金

五、简答题

现金结算必须遵循的“八不准”的具体内容是什么？

六、综合练习题

1. 目的：练习库存现金业务的核算。

2. 资料：东风公司 3 月发生的部分经济业务如下。

3 月 5 日，公司从开户银行提取现金 5 000 元备用。

3 月 18 日，公司当日取得销货收入 11 000 元，增值税税率为 13%，销货员送来现金。

3 月 19 日，公司向外销售产品一批，共计 3 000 元，增值税税率为 13%，对方用现金支付。

3 月 25 日，公司收到某员工缴纳的罚款 300 元。

3 月 26 日，公司收取客户交送的预购定金 30 000 元，暂未存入银行。

3 月 26 日，公司以现金支付聘请教师对职工培训的讲课费 3 000 元。

3 月 27 日，公司职工张明出差预借差旅费 4 000 元，以现金支付。

3 月 31 日，公司清查库存现金时发现库存现金短缺 800 元。短缺的现金无法查明原因，公司经批准记入管理费用。

3. 要求

（1）根据以上资料编制会计分录。

（2）根据以上资料列示的经济业务设置和登记“库存现金”“待处理财产损溢”“银行存款”等总分类账户（采用丁字形账户）。

第二节 银行结算业务

一、填空题

1. 银行存款账户分为基本存款账户、__________、__________和专用存款账户。

2. 根据中国人民银行发布的《支付结算办法》的规定，目前企业可以采用的银行结算方式主要有支票结算、_____结算、_______结算、_______结算、汇兑结算、_______结算、_____结算、________结算等。

3. 网络支付是指_____交易当事人，包括消费者、厂商和金融机构，使用_____支付手段，通过_______进行的货币支付或资金流转。

4. 在实际工作中，若出现银行存款日记账账面余额与银行对账单余额不一致的情况，原因有两点：一是任何一方都可能出现___________；二是由于________入账时间和程序与________入账时间和程序不相同，形成__________。

二、判断题（正确的在括号内画“√”，错误的在括号内画“×”）

1. 银行结算凭证的填写不需要太规范。（ ）

2. 银行本票见票即付，不予挂失。（ ）

3. 商业汇票的承兑期限由交易双方商定，一般为 9 ~ 12 个月。（ ）

4. 采用汇兑结算方式，收款单位对于汇款人的款项应在收到银行的收款通知时据以编制收款凭证。（ ）

5. 委托收款不受金额起点限制。（ ）

6. 收付双方使用托收承付结算时，必须签有符合《合同法》的购销合同，并在合同中注明使用异地托收承付结算方式。（ ）

7. 信用证结算方式不可以办理国内企业之间商品交易的结算业务。（ ）

8. 对银行或企业错记、漏记的业务，查明原因后，编制会计分录进行更正。（ ）

9. 企业不管是否收到未达账项的有关凭证，都应根据未达账项登记账簿。（ ）

三、选择题（将正确答案的代号填在括号内，一题可多选）

1. 企业在银行开户后，在存款账户内（ ）。

A. 需保持一定的存款数额　　B. 只要开设账户即可

C. 有无存款都一样　　D. 没有任何限制

2.（ ）是存款人办理日常转账结算和现金收付的账户。

A. 基本存款账户　　B. 一般存款账户

C. 临时存款账户　　D. 专用存款账户

3. 按照《现金管理暂行条例》的规定，银行结算起点为（ ）元。

A. 100　　B. 500

C. 1 000　　D. 2 000

4. 银行结算凭证的单位和银行名称栏填（ ）。

A. 简称　　B. 全称

C. 无所谓　　D. 简称或全称都可以

5. 采用银行汇票结算方式，付款单位根据“银行汇票申请书（存根联）”编制（ ）。

A. 收款凭证　　B. 付款凭证

C. 转账凭证　　D. 汇总凭证

6. 银行本票的付款期为（ ）。

A. 1 个月　　B. 3 个月

C. 半年　　D. 1 年

7. 不定额本票的金额起点为（ ）元。

A. 100　　B. 500

C. 1 000　　D. 1 500

8. 汇兑结算方式适用于（　　）各种款项的结算。

A. 同城　　B. 异地

C. 同城或异地

四、名词解释

1. 银行存款

2. 支票

3. 结算

4. 未达账项

五、简答题

1. 简述办理银行结算的要求。

2. 银行结算凭证的基本内容概括起来主要有哪几点?

3. 目前企业可以采用的支付结算方式主要有哪几种?

4. 未达账项一般有哪四种情况?

六、综合练习题

综合练习题 1

（1）目的：练习银行存款业务的核算。

（2）资料：东风公司 3 月发生部分经济业务如下。

3 月 2 日，公司采购员周兴预借差旅费 1 000 元，开出现金支票支付。

3 月 10 日，公司应收票据计 45 000 元到期，如数收存银行。

3 月 14 日，公司销售产品 8 000 元，增值税税额 1 040 元，收到支票入账，款项存入银行。

3 月 16 日，公司购入计算机一台，计 9 000 元，以银行存款支付。

3 月 20 日，公司向银行借入款项 100 000 元，归还期 3 个月，款项存入银行。

3 月 21 日，公司向银行提取现金 15 000 元，备发工资。

3 月 22 日，公司以银行存款购入土地使用权计 20 000 元。

3 月 23 日，公司将多余现金 1 000 元存入银行。

3 月 24 日，公司用银行本票 5 000 元和现金 650 元支付前欠货款共 5 650 元（其中增值税税额 650 元）。

3 月 30 日，公司收到中国银行转来该公司信用证结算凭证及所附发票账单等有关凭证，购进原材料 15 000 元，增值税税额 1 950 元。

（3）要求

1）根据以上资料编制会计分录。

2）设置和登记银行存款日记账（采用丁字形账户）。假定银行存款期初余额 110 000 元。

综合练习题 2

（1）目的：练习银行存款日记账的核对方法。

（2）资料：企业 8 月 31 日银行存款日记账的余额为 560 000 元，银行转来对账单的余额为 740 000 元，经过逐笔核对发现有下列未达账项。

1）企业收到销货款 20 000 元，已记银行存款增加，银行尚未记增加。

2）企业支付购料款 180 000 元，已记银行存款减少，银行尚未记减少。

3）银行代企业收某公司汇来购货款 100 000 元，银行已登记存款增加，企业尚未记增加。

4）银行代企业支付购料款 80 000 元，银行已登记存款减少，企业尚未记减少。

（3）要求：根据以上资料编制银行存款余额调节表。

第四章　应收及应付款项

第一节　应收及预付款项

一、填空题

1. 应收及应付款项是企业、各经济组织发生经营交易活动的______事项。应收款项包括________、________、预付账款和________等；应付款项包括________、________和其他应付款等。

2. 应收账款是有特定范围的。首先，应收账款是指__________而形成的债权；其次，应收账款是指________的债权；最后，应收账款是指________公司应收客户的款项。

3. 应收账款取得时通常应按__________计价入账。在计算应收账款的入账金额时，还要考虑__________因素。商业上通用的折扣办法包括________折扣和________折扣两种。

4. 应收票据包括__________和__________。

5. 票据面值带息应收票据到期值 =________+ 票据面值 ×________× 票据期限。

二、判断题（正确的在括号内画“√”，错误的在括号内画“×”）

1. 应收账款的确认与收入的确认密切相关。（　　）

2. 应收账款包括应收职工欠款、应收债务人的利息等。（　　）

3. 坏账是指企业无法收回或收回的可能性极小的应收账款。（　　）

4. 当年发生的应收款项应全额计提坏账准备。（　　）

5. 应收票据如无特指，即为短期应收票据。（　　）

三、选择题（将正确答案的代号填在括号内，一题可多选）

1. “应收账款”账户期初余额为 55 000 元，借方本期发生额为 15 000 元，贷方本期发生额为 60 000 元，该账户期末余额应为（　　）。

A. 借余 80 000 元　　B. 贷余 45 000 元

C. 借余 10 000 元　　D. 贷余 10 000 元

2. 下列引起应收款项增加的业务有（　　）。

A. 销售产品货款尚未收到　　B. 以现金支付王平预借的差旅费

C. 某企业偿还的货款收存银行　　D. 以银行存款预付购货款

3. “应收账款”账户属于（　　）类账户。

A. 资产　　B. 负债

C. 收入　　D. 成本

4. 销售商品或材料等发生应收款项时，按合同或协议金额，借记“（　　）”账户。

A. 其他应收款　　B. 应收账款

C. 应收票据　　D. 预收账款

5. 因销售商品而收到应收票据时，借记“（　　）”账户。

A. 其他应收款　　B. 应收账款

C. 应收票据　　D. 预收账款

6. 某应收票据到期票据期限的计算如果以“天数”表示，则 7 月 18 日出票，60 天到期，该票据到期日是（　　）。

A. 9 月 16 日　　B. 9 月 15 日

C. 9 月 17 日　　D. 9 月 18 日

四、名词解释

1. 应收账款

2. 应收票据

3. 预付账款

五、简答题

关于现金折扣的会计核算有哪些处理方法?

六、综合练习题

1. 目的：练习应收票据业务的核算。

2. 资料：东风公司 3 月发生的部分经济业务如下。

（1）去年 10 月 1 日公司取得应收票据，票据面值为 20 000 元，票面利率为 12%，6 个月期限。

（2）现年 3 月 1 日公司将该票据背书转让购进原材料，专用发票注明价款为 22 000 元，进项税税额为 2 860 元，差额部分通过银行支付。

3 月 2 日，公司应收票据计 45 000 元到期，如数收存银行。

3 月 20 日，公司预付 B 企业购原材料款共计 200 000 元。

3 月 22 日，公司收到上月购进原材料及专用发票，货款价为 250 000 元，增值税税额为 32 500 元，同时用银行存款补付 92 500 元。

3 月 28 日，公司设立管理部门定额备用金，由员工张红负责管理。管理部门的定额备用金核定定额为 2 000 元，财务部门开出现金支票。

3 月 30 日，由于机构变动，公司经批准撤销管理部门定额备用金，员工张红交回购买办公用品支出的普通发票 300 元及现金 1 700 元。

3. 要求

（1）根据以上资料为发生的每一笔经济业务编制会计分录。

（2）设置和登记“应收票据”总分类账（采用丁字形账户）。

第二节　应付款项

一、填空题

1. 应付款项和预收款项是企业和经营组织在结算中发生的________。

2. 应付账款是指企业因购买________、________供应等业务________给供应者而________的账款。应付账款是由于在购销活动中买卖双方取得物资与支付货款在时间上的不一致而产生的负债。企业的其他________，如应付赔偿款、应付租金、存入保证金等，不属于应付账款的核算内容。

3. 在我国，企业的应付票据主要指的是__________，按是否带息可分为__________和____________。

4. 其他应付款是指企业在商品交易业务以外发生的______和______款项，指企业除________、________、应付职工薪酬、应付利润等以外的应付、暂收其他单位或个人的款项。

二、判断题（正确的在括号内画"√"，错误的在括号内画"×"）

1. 应收账款、应收票据、预付账款以外的其他各种应收、暂付给其他单位和个人的款项称为其他应收款。（　　）

2. 应付账款是由于在购销活动中买卖双方取得物资与支付货款在时间上的不一致而产生的负债。（　　）

3. 应付票据如为带息，其票据的面值就是票据的现值。（　　）

4. 不带息应付票据的面值就是票据到期时的应付金额。（　　）

三、选择题（将正确答案的代号填在括号内，一题可多选）

1. 预付账款不多的企业，可以不设"预付账款"账户，而并入"(　　)"账户核算。

A. 其他应收款　　B. 应收账款

C. 应收票据　　D. 预收账款

2. 企业发生其他应收款时，按应收金额借记"(　　)"账户。

A. 其他应收款　　B. 应收账款

C. 应收票据　　D. 预收账款

3. 为了总括地反映和监督企业应付账款的发生及偿还情况，应设置"(　　)"账户。

A. 其他应收款　　B. 应付账款

C. 应付票据　　D. 预收账款

4. 在我国，企业的应付票据主要指的是（　　）。

A. 商业汇票　　B. 银行本票

C. 信用证　　D. 支票

四、名词解释

应付票据

五、综合练习题

综合练习题 1

（1）目的：练习应付款项业务的核算。

（2）资料：东风公司 3 月发生的部分经济业务如下。

3 月 5 日，东风公司向海燕公司购进甲材料 2 400 千克，每千克 28 元，计货款 67 200 元，增值税税额 8 736 元，运杂费 800 元，合计 76 736 元。甲材料已验收入库，货款尚未支付。

3 月 7 日，东风公司向星光工厂购进乙材料 300 千克，每千克 40 元，货款 12 000 元，增值税税额 1 560 元，合计 13 560 元，价税款开出商业承兑汇票结算。材料尚未收到。

3 月 8 日，东风公司以银行存款支付上述乙材料运费 300 元。

3 月 11 日，东风公司向星光工厂购进的乙材料到达并验收入库，结转其实际成本。

3 月 12 日，东风公司向中兴工厂购入甲材料 4 000 千克，每千克 25 元，丙材料 300 千克，每千克 60 元，共计货款 118 000 元，增值税税额 15 340 元，价税合计 133 340 元，其中：丙材料价税款以银行存款支付，甲材料价税款暂欠。材料均未到达。

3 月 15 日，东风公司以银行存款支付上述材料运杂费 774 元。

3 月 15 日，东风公司向中兴工厂购进的甲、丙材料到达并验收入库，结转实际成本。

3 月 20 日，东风公司以银行存款支付前欠海燕公司货款。

假设该题中的商业承兑汇票为银行承兑汇票，企业已经缴纳承兑手续费

51元。

（3）要求

1）根据以上资料为发生的每一笔经济业务编制会计分录。

2）根据以上资料列示的经济业务设置和登记“应付账款”等总分类账户（采用丁字形账户）。

综合练习题2

（1）目的：练习应付票据及其他应付款业务的核算。

（2）资料：东风公司2018年、2019年发生的部分经济业务如下（假设2018年、2019年公司适用的增值税税率均为13%）。

1）2018年6月1日，东风公司购买商品70 000元，同时出具一张面值为79 100元、期限为3个月的带息银行承兑汇票，年利率为10%，支付银行承兑手续费396元。

①东风公司购买商品，出具银行承兑汇票；

②东风公司支付银行承兑手续费；

③6月30日，东风公司计提应付利息79 100×10%/12=659.2（元）；

④7月31日和8月30日东风公司计提应付利息；

⑤9月1日，票据到期，东风公司支付本息。

2）2018年11月1日，东风公司从乙企业购入原材料一批，其价款为

60 000 元，增值税税额为 7 800 元，东风公司同时出具一张期限为 3 个月的带息票据，年利率为 9%。

① 2018 年 11 月 1 日，东风公司购入材料；

② 2018 年 12 月 31 日，东风公司计提两个月的利息费用（67 800×9%×2÷12）。

3）2019 年 3 月 5 日，A 公司以经营性租赁方式租入东风公司厂房一幢，按租赁合同规定，每月租金于次月底支付，本月计提应付租金 5 500 元。

4）2019 年 4 月 30 日，上述 A 公司通过银行转账支付东风公司应付租金。

5）东风公司出租给某企业机器设备一台，收到租用押金 8 000 元。

6）某企业租赁期结束退还该机器设备，东风公司退还押金。

（3）要求

1）根据以上资料为发生的每一笔经济业务编制会计分录。

2）根据以上资料列示的经济业务设置和登记"应付票据"及"其他应付款"等总分类账户（采用丁字形账户）。

第五章 采购、存货和销售业务核算

第一节 采购业务核算

一、填空题

1. 企业采购，严格意义上讲，是指有制造需求的企业对各种生产________、零部件等物料需求的采购过程。企业采购是现今市场经济条件下一种________的采购方式。生产企业的生产是以________作为前提条件的。

2. 材料采购的成本项目，通常包括__________、__________和采购费用。

3. 采购费用分配率 =__________________。

二、判断题（正确的在括号内画“√”，错误的在括号内画“×”）

1. “材料采购”账户属于资产类账户。 （ ）

2. “应交税费”账户属于损益类账户。 （ ）

3. “应付票据”账户属于成本类账户。 （ ）

4. “原材料”账户是用以核算购入物资的实际库存成本的账户。 （ ）

5. 企业购入物资时应先通过“原材料”账户核算实际成本。 （ ）

6. 对材料采购费用可选择物资的重量或买价等标准来计算分配。 （ ）

7. 材料采购成本由物资的买价和采购费用构成。 （ ）

8. 购买物资时，缴纳的增值税进项税额应计入材料采购成本。 （ ）

三、选择题（将正确答案的代号填在括号内，一题可多选）

1. 企业采购过程中，“应交税费——应交增值税”账户（ ）。

A. 主要核算增值税进项税额　　B. 主要核算增值税销项税额

C. 记借方　　D. 记贷方

2. 为了反映和监督库存材料的增减变动及结存情况，应设置（ ）。

A.“材料采购”账户　　B.“产成品”账户

C.“材料采购”明细账户　　D.“原材料”账户

3. 材料采购成本一般包括（　　）。

A. 材料的买价　　B. 采购人员的生活补助费

C. 运杂费及运输途中的合理损耗　　D. 入库前的挑选整理费

4. 下列账户属于流动负债账户的是“（　　）”账户。

A. 应付债券　　B. 应交税费

C. 应付票据　　D. 应付账款

四、综合练习题

综合练习题 1

（1）目的：练习订单业务的账务处理。

（2）资料：泰发公司是一家生产和销售电子产品的增值税一般纳税人企业（适用的增值税税率为 13%），该公司有四千多种电子产品，该公司产品可直接对外销售，也可加工成成品对外销售。其中一种产品 LCX 一月至四月的销售量见表 5—1。

表 5—1　　产品 LCX 一月至四月的销售量

产品名称	单位	一月销售量	二月销售量	三月销售量	四月销售量	销量合计
LCX	个	2 000	2 500	2 100	1 800	8 400

1）5 月 1 日，泰发公司仓库部门交来一张采购申请单（见表 5—2）。

表 5—2　　采购申请单

日期	产品名称	单位	账上数	实际数	最低库存量	5 月订单量	请购事由
5 月 1 日	LCX	个	2 000	2 000	2 100	4 500	库存低于最低库存量
附注：最低库存量 =（2 000+2 500+2 100+1 800）÷4=2 100							

2）泰发公司采购部门受理了仓库部门的采购申请单，与供应商中兴公司签订了一份采购合同（见表 5—3），总共采购 LCX 6 600 个，分三批运送。

表 5—3　采购合同

供应商：中兴公司　合同号：20180501-23

序号	日期	产品名称	单位	采购数量	不含税单价（元）	运输费（元）	结算方式	备注
1	5 月 9 日	LCX	个	2 000	5.00	100	月结转账	
2	5 月 19 日	LCX	个	2 000	5.00	100	月结转账	
3	5 月 29 日	LCX	个	2 600	5.00	150	月结转账	
合计				6 600		350		

3）月底泰发公司仓库部门交来一份产品出入库报表（见表 5—4）。

表 5—4　LCX 产品报表　单位：元

日期	入库数量	单位	含税单价	金额	出库数量	不含税单价	金额	结存数量	单位	客户 / 供应商
5 月 1 日								2 000	个	
5 月 9 日	2 000	个	5.65	11 300				4 000	个	中兴
5 月 10 日					3 000		16 000	1 000	个	中泰
5 月 19 日	2 000	个	5.65	11 300				3 000	个	中兴
5 月 20 日					1 500	5.00	7 500	1 500	个	中泰
5 月 29 日	2 600	个	5.65	14 690				4 100	个	中兴
5 月 30 日					3 000	5.00	15 000	1 100	个	车间
合计	6 600			37 290	7 500		38 500			

4）泰发公司财会部门根据仓库产品报表编制销售报表。

5 月初 LCX 不含税单价为 5.50 元。泰发公司按照先进先出法核算发出存货成本。

泰发公司业务部门交来与中泰公司 5 月的销售合同（见表 5—5）。

表 5—5 销售合同

客户名称：中泰公司　　销售合同：180503-17　　单位：元

日期	产品名称	单位	订货数量	不含税单价	税额（税率：13%）	金额合计	结算方式	备注
5 月 10 日	LCX	个	3 000	12	4 680	40 680	月结转账	
5 月 20 日	LCX	个	1 500	12	2 340	20 340	月结转账	
合计			4 500		7 020	61 020		

5）5 月泰发公司仓库支出情况见表 5—6。

表 5—6 仓库费用列支情况表　　单位：元

费用明细	金额
职工薪酬	12 500
水电费	1 000
产品维护费	5 000

泰发公司月末仓库盘点 LCX 产品时，发现实际库存只有 1 000 个。查明原因之后，发现是管理不善，丢失了 100 个，属于仓库部门的责任。

6）5 月 31 日，泰发公司支付中兴公司货款。

7）5 月 31 日，泰发公司收到中泰公司汇款。

8）泰发公司 LCX 生产出来的产品为 A 产品，相关生产资料见表 5—7。

表 5—7 生产资料　　× × 年 5 月 31 日

单位：元

产品名称	数量	单位	原材料（LCX）	直接人工费用	制造费用	金额合计
A	1 500	个	15 000	4 000	1 300	20 300

9）12 月 31 日，泰发公司 LCX 账面余额是 15 000 元，12 月 31 日 LCX 市场价格为 12 000 元。

（3）要求：根据以上资料编制会计分录。

1）泰发公司 5 月 9 日购进 LCX 产品

2）泰发公司 5 月 10 日发出 LCX 产品

泰发公司采用先进先出法结转 LCX 产品成本，发出的成本结转计算如下：

发出 LCX 材料成本 =2 000×5.50+1 000×5=16 000（元）

3）泰发公司 5 月 19 日购进 LCX 产品

4）泰发公司 5 月 20 日发出 LCX 产品

结转发出 LCX 成本：

5）泰发公司 5 月 29 日购入 LCX 产品

6）泰发公司 5 月 30 日生产领用 LCX 产品

7）泰发公司核算仓库储存成本

8）泰发公司 LCX 产品盘亏

批准处理前：

批准处理后：

9）泰发公司支付中兴公司货款

10）泰发公司收到中泰公司货款

11）泰发公司结转 A 产品生产成本

12）12 月 31 日时泰发公司发现 LCX 产品市场价格下跌，故计提存货跌价准备

综合练习题 2

（1）目的：练习材料采购业务的核算。

（2）资料：东风公司 11 月发生的部分经济业务如下。

11 月 3 日，东风公司向甲公司购入 A 物资 6 000 千克，每千克 98 元，买价 588 000 元，增值税税额 76 440 元，运杂费 1 200 元，共计 665 640 元，物资尚未到达，货款尚未支付。

11 月 3 日，东风公司上述 A 物资已验收入库，按其实际采购成本转账。

11 月 9 日，东风公司向乙公司购入 B 物资 2 000 千克，每千克 198 元，买价 396 000 元，增值税税额 51 480 元，运杂费 2 000 元，共计 449 480 元，货款已从银行支付，物资已验收入库。

11 月 19 日，东风公司以银行存款偿还前欠甲公司的货款 665 640 元。

11 月 24 日，东风公司向甲公司购入 A 物资 2 000 千克，每千克 98 元，

买价计 196 000 元，增值税税额 25 480 元；B 物资 600 千克，每千克 188 元，买价计 112 800 元，增值税税额 14 664 元；共同发生运杂费 1 300 元；其中 B 物资货款、增值税税额及运杂费由银行支付；A 物资货款、增值税税额及运杂费开出商业承兑汇票结算。物资已验收入库。

（3）要求：根据上述经济业务编制会计分录，结转材料采购实际成本（运杂费按材料重量比例分配）。

综合练习题 3

（1）目的：练习材料采购成本的计算和“材料采购”明细账的登记方法。

（2）资料：东风公司 4 月发生的部分经济业务如下。

4 月 1 日，东风公司采购员张清预支差旅费 500 元，以现金支付。

4 月 2 日，东风公司向中兴工厂购入甲物资 4 200 千克，每千克 25 元，计 105 000 元；购入乙物资 600 千克，每千克 40 元，计 24 000 元；购入丙物资 600 千克，每千克 60 元，计 36 000 元；合计货款 165 000 元，增值税税额 21 450 元，运杂费 945 元。物资已验收入库，款项均以银行存款支付。

4 月 7 日，东风公司向中光工厂购入丁物资 200 千克，每千克 50 元，计货款 10 000 元，增值税税额 1 300 元，当即以银行存款支付。

4 月 8 日，东风公司向中光工厂购入的丁物资到达，验收入库并以现金支付运费 50 元。东风公司结转实际采购成本。

4 月 18 日，东风公司以银行存款归还前欠中兴工厂的货款 9 500 元。

4 月 20 日，东风公司向红星工厂购入乙物资 500 千克，每千克 40 元，货款 20 000 元，增值税税额 2 600 元，运杂费 20 元，物资尚未到达，价税款未付。

4 月 22 日，上述乙物资已验收入库，货款尚未支付。

（3）要求

1）根据上述物资经济业务的会计分录，结转材料采购实际成本（运杂费按材料重量比例分配）。

2）设置和登记“材料采购”明细分类账（见表 5—8 至表 5—11）。

3）根据“材料采购”明细分类账，编制甲、乙、丙、丁四种物资的“材料采购成本计算表”（见表 5—12）。

表 5—8 材料采购明细分类账

材料名称：甲物资 单位：元

××年		凭证号数	摘要	借方			贷方	余额
月	日			买价	运杂费	合计		

表 5—9　　材料采购明细分类账

材料名称：乙物资　　单位：元

×× 年		凭证号数	摘要	借方			贷方	余额
月	日			买价	运杂费	合计		

表 5—10　　材料采购明细分类账

材料名称：丙物资　　单位：元

×× 年		凭证号数	摘要	借方			贷方	余额
月	日			买价	运杂费	合计		

表 5—11　　材料采购明细分类账

材料名称：丁物资　　单位：元

×× 年		凭证号数	摘要	借方			贷方	余额
月	日			买价	运杂费	合计		

表 5—12　　材料采购成本计算表　　单位：元

材料名称	单位	数量	单价	买价	运杂费	实际采购总成本	单位采购成本

第二节　存货业务核算

一、填空题

1. 购入存货的实际成本包括:（1）______；（2）______、装卸费、______、包装费和仓储费等费用；（3）运输途中的______损耗；（4）入库前的______费用等。

2.《企业会计制度》规定，企业领用或发出存货，按照实际成本核算的，可以根据实际情况选择采用________、________、________、个别计价法等确定其实际成本。

3. 先进先出法是假定______购入的存货__________。

4. 存货储存的方法有________、________、__________、__________和共同储存。

二、判断题（正确的在括号内画“√”，错误的在括号内画“×”）

1. 企业持有存货的最终目的是为了出售。（　　）

2. 通过购买而取得的存货的初始成本由采购成本构成。（　　）

3. 采购过程中发生的物资损毁、短缺等应计入采购成本。（　　）

4. 企业会计制度规定，存货在取得时按照实际成本入账。（　　）

5. 存货实际成本的计量也因行业的不同而不同。（　　）

6. 实际成本核算方法一般适用于规模较小、存货品种简单的企业。（　　）

三、选择题（将正确答案的代号填在括号内，一题可多选）

1. 存货区别于固定资产等非流动资产的最基本的特征是（　　）。

A. 流动性　　B. 非流动性

C. 储存的目的是出售　　D. 储存的目的是有用

2. 存货的实际成本包括（　　）。

A. 买价

B. 运输费、装卸费、保险费、包装费、仓储费等

C. 运输途中的合理损耗

D. 入库前的挑选整理费用

3. 企业生产部门（如生产车间）管理人员的薪酬、办公费、水电费、物料消耗等应计入（　　）。

A. 管理费用　　B. 制造费用

C. 销售费用　　D. 财务费用

4. 存货的特性是（　　）。

A. 有形性　　B. 以出售为目的

C. 出售存货成本能够可靠计量　　D. 存货存在潜在的盈利性

5.《企业会计制度》规定，存货跌价准备应按单个存货项目的成本与可变现净值计量，每项存货都取（　　）确定存货的期末价值。

A. 较高数字　　B. 平均数字

C. 较低数字　　D. 任意数字

6. 物资验收包括物资的（　　）。

A. 价格检验　　B. 数量检验

C. 质量检验　　D. 外观检验

四、名词解释

1. 先进先出法

2. 加权平均法

五、简答题

简述存货的内容。

六、综合练习题

综合练习题 1

（1）目的：练习发出存货业务的账务处理。

（2）资料：晶泰公司 11 月 LGX 电子元件购销情况见表 5—13。

表 5—13　　晶泰公司 11 月 LGX 电子元件购销数量统计表

日期 / 摘要	期初存量和采购数量（个）	采购单价（元）	销售数量（个）
11 月 1 日（存货）	100	248	
2 日出售			80
3 日购进	40	250	
8 日购进	200	252	
9 日出售			180
10 日购进	300	255	
12 日出售			140
17 日购进	200	258	
28 日出售			200
合计（数量）	840		600

假定晶泰公司本期销售的 LGX 电子元件 600 个，其中包括期初存货 90 个、3 日购进的 30 个、8 日购进的 190 个、10 日购进的 200 个和 17 日购进的 90 个。

（3）要求

1）采用个别计价法计算当月销售成本和期末存货成本，结转商品销售成本。

2）根据表 5—13 所给条件，假定晶泰公司月末通过盘点得出库存数量为 240 件，用先进先出法进行发出存货计价，计算存货成本和结转商品销售成本。

3）根据表 5—13 所给条件，采用加权平均法计算商品销售成本和结转商品销售成本。

4）根据表 5—13 所给条件，假设晶泰公司 12 月 9 日销售 200 个 LGX 电子元件，12 月 15 日销售 400 个 LGX 电子元件。采用移动加权平均法计算商品销售成本。

综合练习题 2

（1）目的：练习发出存货业务的账务处理。

（2）资料：某超市 2 月初服装存货 80 000 元，该月购货 990 000 元，销货 909 000 元，销售退回与折让合计 9 000 元，上季度该类商品毛利率为 30%。

（3）要求：计算本月已销存货和月末存货的成本。

综合练习题 3

（1）目的：练习期末存货计价的账务处理。

（2）资料：假设晶泰公司采用先进先出法进行发出存货计价。承综合练习题 1 所述，该公司库存的 LGX 电子元件 11 月期末库存商品包括进货单价 258 元、255 元的各 200 个、40 个。由于功能更全面的新型号电子元件已上市，晶泰公司将库存的 LGX 电子元件销售价格下降为 230 元。

（3）要求

1）计算该项商品价格变动给公司造成的损失（见表 5—14）。

表 5—14　晶泰公司存货跌价损失计算表

跌价商品	进货日期	进货单价（元）	销售价格（元）	库存数量（个）	跌价损失（元）
LGX 元件					
LGX 元件					
合计					

2）根据表 5—14 的计算结果提取存货跌价损失准备，编制会计分录。

第三节　销售业务核算

一、填空题

1. 工业企业经营的资金运动包括三个阶段：资金的________阶段、资金的_______阶段和资金的______阶段；三个过程为______过程、______过程和______过程。资金的退出是通过______过程实现销售收入后才完成的。

2. 企业发生的销售退回、销售折让和销售折扣应冲减当期的____________。

3. 企业的销售收入实现以后，为了正确计算销售利润，必须按________计算主营业务成本。

4. 商业企业的商品销售业务一般按营业________或________组织进行。

5. 实际进销差价计算法是先计算出________商品的进销________，进而计算________商品进销差价的一种方法。

二、判断题（正确的在括号内画“√”，错误的在括号内画“×”）

1. 销售过程即企业将生产出来的产品推向市场销售给消费者的过程。 （ ）

2. 销售商品是企业的生产耗费得到补偿和实现积累的过程。 （ ）

3. 企业的销售收入实现以后，为了正确计算销售利润，必须按月计算主营业务成本。 （ ）

4. 主营业务成本是指已销售产品的制造成本。 （ ）

5. 商品销售的业务程序不管规模大小，经营特点都一样。 （ ）

6. 零售企业销售货物只能采用现金结算。 （ ）

7. 确定销售商品收入的金额时，就应考虑预计可能发生的现金折扣、销售折让。 （ ）

8. 销售折让如发生在确认销售收入之前，则应直接按扣除销售折让后的金额确认销售收入。 （ ）

三、选择题（将正确答案的代号填在括号内，一题可多选）

1. 企业在经营活动中由于销售产品等所取得的收入叫作（ ）收入。

A. 其他业务　　B. 主营业务

C. 营业外　　D. 产品

2. 在销售产品过程中发生的运杂费、包装费、广告费等称为（ ）。

A. 管理费用　　B. 销售费用

C. 成本　　D. 财务费用

3.“主营业务成本”账户期末结转到“(　　)”账户。

A. 利润分配　　B. 本年利润

C. 主营业务收入　　D. 投资收益

4.“税金及附加”账户属于损益类账户，期末转入“本年利润”账户，结转后期末应(　　)。

A. 有余额　　B. 无余额

C. 余额在借方　　D. 余额在贷方

5. 商品进价与售价之间的差价在“(　　)”账户内反映。

A. 商品销售成本　　B. 商品进销差价

C. 库存商品　　D. 已销售产品成本

6. 零售企业平时在“主营业务收入”账户中反映的是(　　)收入。

A. 含税　　B. 不含税

C. 净　　D. 利润

四、简答题

按照《企业会计制度》规定，销售商品的收入只有同时符合哪些条件时才能加以确认?

五、综合练习题

综合练习题 1

(1) 目的：练习制造业销售业务的核算。

（2）资料：东风工厂 8 月 A 产品每件销售 124 元、单位制造成本 82 元，B 产品每件 210 元、单位制造成本 153 元，月末一次结转已销产品实际成本。东风工厂本月发生的部分经济业务如下：

8 月 3 日，东风工厂销售给光华工厂 A 产品 350 件，计货款 43 400 元，增值税税额 5 642 元，共计 49 042 元，产品已发出，款项收存银行。

8 月 8 日，东风工厂销售给东方工厂 A 产品 450 件，计货款 55 800 元，增值税税额 7 254 元，以银行存款代垫运杂费 2 446 元，共计 65 500 元，产品已发出，并办妥托收手续。

8 月 10 日，东风工厂收到一九九工厂上月所欠货款 58 500 元，存入银行。

8 月 12 日，东风工厂销售给光华工厂 B 产品 600 件，计货款 126 000 元，增值税税额 16 380 元，共计 142 380 元，产品已发出，收到光华工厂限期两个月的商业承兑汇票一张。

8 月 14 日，东风工厂以银行存款支付电视广告费计 1 500 元。

8 月 16 日，东风工厂接银行转来的托收承付收账通知，东方工厂货款已收到，存入银行。

8 月 18 日，东风工厂销售乙材料 1 000 千克，每千克 55 元，取得收入 55 000 元，增值税税额 7 150 元，价税款收存银行。

8 月 19 日，东风工厂有一张票面额为 45 000 元的商业汇票今日到期，当即向银行办妥收款手续，款项存入银行。

8 月 20 日，东风工厂以银行存款支付销售机构的产品展览费 900 元。

8 月 22 日，东风工厂销售给胜利公司 A 产品 500 件，货款 62 000 元，B 产品 700 件，货款 147 000 元，增值税税额合计 27 170 元，价税款共计 236 170 元，当即收到 200 000 元的银行承兑汇票一张，其余款项暂未收到。

8 月 29 日，东风工厂销售乙材料的实际成本为 40 000 元，结转销售成本。

8 月 29 日，东风工厂根据上述销售业务登记 A 产品和 B 产品的发出数量（见表 5—15 和表 5—16），并据以计算和结转销售产品实际成本。

表 5—15 产品明细账

产品名称：A 产品

××年		摘要	收入			发出			结存		
月	日		数量	单价	金额	数量	单价	金额	数量	单价	金额
8	1	期初结存							2 000	82	164 000

表 5—16 产品明细账

产品名称：B 产品

××年		摘要	收入			发出			结存		
月	日		数量	单价	金额	数量	单价	金额	数量	单价	金额
8	1	期初结存							2 000	153	306 000

（3）要求

1）根据上述经济业务编制会计分录。

2）设置和登记“产成品”“主营业务收入”和“其他业务收入”总分类账户和明细分类账户（其他业务收入只设置总分类账户）。

综合练习题 2

（1）目的：练习商业企业销售业务的核算。

（2）资料

1）中百购物中心月末“主营业务收入”账户余额为 980 000 元，适用的增值税税率为 13%，调整主营业务收入。

2）东方公司为增值税一般纳税人企业，3 月 1 日销售 A 商品 10 000 件，每件商品的标价为 80 元（不含增值税），每件商品的实际成本为 52 元，A 商品适用的增值税税率为 13%。由于是成批销售，东方公司给予购货方 10% 的商业折扣，并在销售合同中规定现金折扣条件为“2/10，1/20，n/30”。A 商品于 3 月 1 日发出，符合销售实现条件，购货方于 3 月 9 日付款。

（3）要求

1）根据资料 1）调整主营业务收入。

2）根据资料 2）所给条件编制会计分录。

综合练习题 3

（1）目的：练习商业企业销售业务的核算。

（2）资料：某购物中心销售一批商品给甲公司，开出的增值税专用发票上注明的售价为 200 000 元，增值税税额为 26 000 元。该批商品的成本为 140 000 元。货到后甲公司发现商品质量不符合合同要求，要求在价格上给予 5% 的折让。甲公司提出的销售折让要求符合原合同的约定，购物中心同意并办妥了相关手续，开具了增值税专用发票（红字）。假定此前购物中心已确认该批商品的销售收入，销售款项尚未收到，发生的销售折让允许扣减当期增值税销项税额。

（3）要求：编制会计分录。

1）购物中心销售实现

2）购物中心发生销售折让

3）购物中心实际收到款项

第六章　收入、费用、利润

第一节　收入

一、填空题

1. 我国《企业会计准则》将收入的来源归纳为“企业在____________、__________及他人使用本企业资产等________中形成的经济利益”。

2. 收入表现为:（1）企业资产的______;（2）企业负债的______;（3）企业______增加，同时企业______减少。

3. 按性质分类，收入可分为________收入、______收入和提供他人使用本企业资产而取得的收入等。

二、判断题（正确的在括号内画“√”，错误的在括号内画“×”）

1. 收入包括为第三方或者客户代收的款项。（　　）
2. 收入的来源应是企业日常的经营活动。（　　）
3. 收入将导致企业所有者权益增加。（　　）
4. 企业主营业务形成的收入称为主营业务收入。（　　）
5. 企业其他业务形成的收入称为其他业务收入。（　　）

三、选择题（将正确答案的代号填在括号内，一题可多选）

1. 企业的收入来源于（　　）。

A. 销售商品　　B. 日常的经营活动

C. 提供劳务　　D. 他人使用本企业资产

2. 企业生产经营过程中发生的收入有（　　）。

A. 营业外收入　　B. 产品销售收入

C. 其他业务收入　　D. 投资收入

3.（ ）应作为产品销售成本核算。

A. 产品销售费用　　B. 管理费用

C. 已销产品制造成本　　D. 制造费用

4. 企业销售材料或对外提供非工业性劳务而获取的收入叫作（ ）。

A. 产品销售收入　　B. 营业外收入

C. 其他业务收入　　D. 投资收入

四、名词解释

1. 分期收款销售

2. 投资收益

五、综合练习题

1. 目的：练习经济业务的核算。

2. 资料：东风公司 12 月发生下列经济业务。

12 月 8 日，东风公司采购员王华报销差旅费 200 元，冲减预借款 150 元后，另以现金支付。

12 月 14 日，东风公司向阳光商场出售甲产品 1 000 件，每件售价 124 元；出售乙产品 600 件，每件售价 210 元；出售丙产品 400 件，每件售价 300 元；合计货款 370 000 元，增值税税额 48 100 元。产品已全部发出，价税款已全部收存银行。

12 月 22 日，东风公司销售 A 材料 14 000 元，增值税税额 1 820 元，价税款已收存银行。

12 月 22 日，东风公司结转上述销售 A 材料的实际成本 11 500 元。

12 月 25 日，东风公司以银行存款支付销售机构经费 3 600 元。

12 月 26 日，东风公司取得罚款收入 800 元，存入银行。

3. 要求

（1）根据以上经济业务编制会计分录。

（2）设置和登记损益类总分类账户。

（3）东风公司本年利润账户期初余额 100 000 元，据以设置和登记本年利润总分类账户（以上要求设置的账户均可开设丁字形账户）。

第二节　费用

一、填空题

1. 费用是指企业在日常活动中发生的、会导致＿＿＿＿＿＿减少的、与向所有者分配利润＿＿＿＿的经济利益的＿＿＿＿。

2. 管理费用是指企业＿＿＿部门为＿＿＿＿＿生产经营活动而发生的各种费用。

3. 财务费用是指企业＿＿＿＿＿所需资金而发生的费用，包括企业生产经营期间发生的＿＿＿＿、汇兑净＿＿＿、金融机构＿＿＿，以及筹资生产经营中发生的其他财务费用等。

二、判断题（正确的在括号内画“√”，错误的在括号内画“×”）

1. 销售过程的运输费、保险费等记入“销售费用”账户。（　　）

2. 企业行政管理部门为组织和管理生产经营活动而发生工会经费、职工教育经费、业务招待费等记入“管理费用”账户。（　　）

3. 企业筹集生产经营所需资金而发生的利息支出、汇兑净损失等记入“财务费用”账户。（　　）

4. 税金及附加反映企业经营的主要业务应负担的相关税费。（　　）

5. “所得税”账户核算企业按规定从当期损益中扣除的所得税。（　　）

三、选择题（将正确答案的代号填在括号内，一题可多选）

1. 企业在生产经营过程中发生的期间费用可分为（　　）。

A. 制造费用　　B. 工资费用

C. 财务费用　　D. 管理费用

2. 在企业生产经营活动中，先实际支付后分期摊销的费用称为（　　）。

A. 预提费用　　B. 预付费用

C. 制造费用　　D. 待摊费用

3. 税金及附加（　　）。

A. 只包括所得税　　B. 只包括增值税

C. 包括所得税和增值税　　D. 不包括所得税和增值税

4. 按照税法规定，企业所得税应按（　　）计算，分月或分季预缴。

A. 月　　B. 季

C. 半年　　D. 年

四、名词解释

1. 税金及附加

2. 消费税

3. 印花税

五、综合练习题

1. 目的：练习经济业务的核算。

2. 资料：东风公司 12 月发生下列经济业务。

（1）东风公司在产品销售过程中发生销售费用共计 8 000 元，其中以银行存款支付广告费 1 800 元、运输费 940 元、应负担的专设销售机构人员工资 4 500 元和福利费 760 元。

（2）东风公司本月将发生的销售费用 11 248 元转入“本年利润”账户。

（3）东风公司以现金支付公司招待费 900 元。

（4）东风公司本月计提厂部的固定资产折旧费 4 500 元。

（5）东风公司预提本月负担的短期借款的利息支出 4 000 元。

（6）东风公司以银行存款支付金融机构手续费 1 000 元。

（7）东风公司月终将本月发生的财务费用 6 000 元转入“本年利润”账户。

3. 要求

根据以上经济业务编制会计分录。

第三节 利润

一、填空题

1. 利润是企业在一定期间内全部收入扣除______、支出和________以后的余额。它是企业生产经营活动的最终成果。利润主要有______利润、利润________和净________三类。

2. 营业成本包括______成本和______成本。______成本包括企业确认的销售商品、提供劳务等主营业务收入应结转的成本。________成本是企业确认的除主营业务活动以外的其他经营活动所发生的支出。

3. 资产减值损失是指企业计提的各项____________所形成的损失，包括应收账款________、存货________、固定资产________、无形资产减值损失、投资减值损失等。

二、判断题（正确的在括号内画“√”，错误的在括号内画“×”）

1. 利润是指企业在一定期间的生产效益。（　　）
2. “本年利润”账户属于资产类账户。（　　）
3. 出租固定资产、出租无形资产的收入为主营业务收入。（　　）
4. 存货跌价损失、固定资产减值损失是坏账损失。（　　）
5. 交易性金融资产、交易性金融负债属于公允价值变动收益。（　　）
6. 债务重组损失、非常损失属于营业外支出的核算内容。（　　）

三、选择题（将正确答案的代号填在括号内，一题可多选）

1. 下列项目中，应转入“本年利润”账户借方的有（　　）。

A. 产品销售收入　　B. 产品销售成本
C. 其他业务支出　　D. 营业外收入
E. 销售费用　　F. 投资损失
G. 所得税　　H. 财务费用

2. “利润分配”账户属于（　　）类账户。

A. 资产　　B. 所有者权益
C. 负债　　D. 损益

3. 非流动资产处置利得、非货币性资产交换利得、债务重组利得是（　　）。

A. 产品销售收入　　B. 营业外收入
C. 公允价值变动收益　　D. 投资收益

四、名词解释

1. 营业外收入

2. 营业外支出

五、综合练习题

综合练习题 1

（1）目的：练习损益类账户的结转。

（2）资料：东风公司为增值税一般纳税人企业，适用的增值税税率为 13%、所得税税率为 25%，有关资料如下。

1）东风公司年终结算前有关损益类账户的年末余额见表 6—1。

表 6—1　　东风公司年终结算前有关损益类账户的年末余额　　单位：元

收入类	期末余额	费用类	期末余额
主营业务收入	1 500 000	主营业务成本	900 000
其他业务收入	300 000	其他业务成本	200 000
投资收益	50 000	税金及附加	56 000
营业外收入	100 000	销售费用	50 000
		管理费用	130 000
		财务费用	30 000
		营业外支出	80 000

2）12 月 31 日发生和发现下列经济业务：

①公司营业外支出中有 2 000 元为非公益性捐赠。

②公司本年国债利息收入 5 000 元已入账。

③经查，公司该年超过工资合理支出数额为 4 000 元。

④公司现金清查时发现库存现金较账前余额多出 2 000 元，无法查明原因，经批准作账务处理。

（3）要求

1）根据经济业务编制相关会计分录。

2）将损益类账户结转“本年利润”账户。

3）计算公司该年应交所得税（除上述经济业务外，不考虑其他纳税调整因素）。

4）计算公司该年净利润。

综合练习题 2

（1）目的：练习利润的计算。

（2）资料：东风专汽公司为增值税一般纳税人企业，适用的增值税税率为

13%、所得税税率为 25%，有关资料如下。

1）11 月 30 日东风专汽公司尚未抵扣的增值税进项税额为 20 000 元。

2）东风专汽公司 12 月发生如下经济业务：

①东风专汽公司销售给 A 公司产品一批，增值税专用发票上的售价为 500 000 元，收到 A 公司交来的面值为 565 000 元的银行汇票一张，款项已存入银行，销售成本为 300 000 元。

② A 公司来函提出本月购买的产品中有 30 000 元的产品质量不合格，要求东风专汽公司在价格上给予 15 000 元的折让。经查明，符合合同规定，东风专汽公司同意 A 公司的要求，并办理退款手续和开具增值税发票（红字）。

③东风专汽公司购进原材料一批，价款 200 000 元，增值税税率 13%，款项以银行存款支付，材料已验收入库（原材料按实际成本计价核算）。

④东风专汽公司于本年 6 月 1 日为客户研制一项产品，工期为 6 个月，合同收入为 350 000 元，到 12 月 31 日已发生成本 250 000 元，已预收账款 200 000 元。假定该项目发生的实际成本均由银行存款支付，预计开发完成此项产品总成本为 280 000 元。年末经专业测量师测量，产品的开发程度为 95%。

⑤东风专汽公司报废旧设备一台，原值为 70 000 元，已提折旧 60 000 元，发生清理费用 1 000 元，取得残料变价收入 2 500 元，有关款项已通过银行存款结算完毕。

⑥东风专汽公司用银行存款支付本月管理费用 19 500 元。

（3）要求

1）根据资料 2）中有关经济业务编制会计分录。

2）计算东风专汽公司 12 月营业利润、利润总额、净利润的金额。

第七章　财务报表与销售日报表

第一节　财务报表

一、填空题

1. 企业的财务报表是一个报表体系，企业一定期间的________、特定时点的________等方面财务会计信息通过会计记录最终反映在会计报表上。企业的财务报表主要由______、______、现金流量表、__________及有关________组成。

2. 我国企业资产负债表采用____________式结构。账户式资产负债表分____________两方，左方为__________项目，大体按资产的流动性大小排列。

3. 我国企业的利润表采用________格式。

4. 企业产生的现金流量分为三类：（1）____________________现金流量；（2）____________________现金流量；（3）_________________现金流量。

5. 我国现金流量表采用________结构。

二、判断题（正确的在括号内画“√”，错误的在括号内画“×”）

1. 资产负债表是反映一定时期财务状况的会计报表。（　　）

2. 利润表是反映企业某一特定时期经营成果的会计报表。（　　）

3. 现金流量表为年度会计报表。（　　）

4. 本期损益由营业利润加营业外收支净额构成。（　　）

5. 现金流量表是一种动态报表。（　　）

6. 反映企业一定时期内资金运动的报表是静态表。（　　）

7. 现金流量表完全依据资产负债表和损益表填列。（　　）

8. 企业的利润总额 × 所得税税率 = 企业应交所得税。（　　）

9. 资产负债表中的所有者权益反映企业在某一特定日期股东（投资者）拥有净资产的总额。（　　）

三、选择题（将正确答案的代号填在括号内，一题可多选）

1. 下列财务报表属于动态财务报表的是（　　）。

A. 资产负债表　　B. 损益表

C. 现金流量表　　D. 利润分配表

2.（　　）属于财务状况的主要财务报表。

A. 资产负债表　　B. 损益表

C. 现金流量表　　D. 利润分配表

3. 采用多步式格式的报表有（　　）。

A. 资产负债表　　B. 利润表

C. 现金流量表　　D. 利润分配表

4. 现金流量表的结构是（　　）。

A. 表格式　　B. 报告式

C. 账户式　　D. 账表式

四、名词解释

1. 资产负债表

2. 利润表

3. 现金流量表

五、简答题

1. 简述财务报表的分类。

2. 简述资产负债表中的资产、负债及所有者权益的列示方法。

六、综合练习题

综合练习题 1

（1）目的：练习编制资产负债表。

（2）资料

1）大唐公司 2018 年 12 月 31 日的科目余额见表 7—1。

表 7—1　　科目余额表　　单位：元

科目名称	借方余额	贷方余额	科目名称	借方余额	贷方余额
库存现金	15 000		短期借款		56 000
银行存款	57 000		应付账款		30 000
应收票据	80 000		预收账款		50 000
应收账款	80 000		应付职工薪酬	4 000	
预付账款		30 000	应交税费		14 000
坏账准备——应收账款		5 000	长期借款		80 000

续表

科目名称	借方余额	贷方余额	科目名称	借方余额	贷方余额
原材料	67 000		实收资本（股本）		680 000
低值易耗品	10 000		盈余公积		200 000
发出商品	90 000		未分配利润		150 000
库存商品	100 000				
材料成本差异		50 000			
交易性金融资产	2 000				
固定资产	1 000 000				
累计折旧		300 000			
在建工程	40 000				
无形资产	100 000				

2）债权债务明细科目余额

①应收账款明细资料如下：应收账款——B 公司借方余额 150 000 元，应收账款——A 公司贷方余额 70 000 元。

②预收账款明细资料如下：预收账款——D 公司借方余额 10 000 元，预收账款——C 公司贷方余额 60 000 元。

③应付账款明细资料如下：应付账款——E 公司贷方余额 80 000 元，应付账款——F 公司借方余额 50 000 元。

④预付账款明细资料如下：预付账款——G 公司贷方余额 50 000 元，预付账款——H 公司借方余额 20 000 元。

3）大唐公司长期借款共 2 笔，均为到期一次性还本付息，金额及期限如下：①从工商银行借入 35 000 元（本利和），期限从 2017 年 7 月 1 日至 2019 年 7 月 1 日；②从建设银行借入 45 000 元（本利和），期限从 2018 年 9 月 1 日至 2020 年 9 月 1 日。

（3）要求

1）编制大唐公司 2018 年 12 月 31 日资产负债表（见表 7—2）。

表 7—2　　　　　　　　　　　资产负债表

编制单位:　　　　　　　　2018 年 12 月 31 日　　　　　　　　单位：元

资产	年初余额（略）	年末余额	负债和所有者权益	年初余额（略）	年末余额
流动资产:			流动负债:		
货币资金			短期借款		
交易性金融资产			应付账款		
应收票据			预收账款		
应收账款			应付职工薪酬		
预付账款			应交税费		
存货			一年内到期的非流动负债		
流动资产合计:			流动负债合计:		
非流动资产:			非流动负债:		
固定资产			长期借款		
在建工程			非流动负债合计:		
无形资产			负债合计:		
非流动资产合计:			所有者权益（或股东权益）:		
			实收资本		
			盈余公积		
			未分配利润		
			所有者权益（或股东权益）合计:		
资产总计:			负债和所有者权益（或股东权益）总计:		

综合练习题 2

（1）目的：练习编制利润表。

（2）资料

1）神舟公司属于增值税一般纳税人企业，适用的增值税税率为 13%，商品售价中不含增值税，商品销售时同时结转成本。该公司 11 月 30 日损益类有关账户余额见表 7—3。

表 7—3　　神舟公司 11 月 30 日损益类有关账户余额　　单位：元

账户名称	借方金额	账户名称	贷方金额
主营业务成本	10 000 000	主营业务收入	17 500 000
税金及附加	145 000	其他业务收入	500 000
其他业务成本	300 000	投资收益	500 000
销售费用	300 000	营业外收入	200 000
管理费用	1 000 000	公允投资价值变动损益	200 000
财务费用	150 000		
资产减值损失	600 000		
营业外支出	150 000		

2）神舟公司 12 月发生下列经济业务：

①公司本月应付职工薪酬 1 600 000 元，其中：生产工人工资 1 050 000 元，车间管理人员工资 120 000 元，厂部管理人员工资 280 000 元，销售人员工资 150 000 元。

②公司本月销售商品一批，增值税专用发票上注明的售价为 2 500 000 元，增值税税额为 325 000 元，款项尚未收到。该批商品的实际成本为 1 200 000 元。

③公司本月收到增值税返还 550 000 元。

④公司本月摊销自用无形资产成本 150 000 元。

⑤公司本月主营业务应交城市维护建设税 45 000 元、教育费附加 6 000 元。

⑥ 12 月 31 日，公司某项交易性金融资产公允价值上升 25 000 元。

⑦ 12 月 31 日，公司计提坏账准备 60 000 元，计提存货跌价准备 110 000 元。

⑧假定该公司应纳税所得税额为 4 020 000 元。递延所得税资产年初余额为 100 000 元、年末余额为 200 000 元，递延所得税负债年初余额为 80 000 元、年末余额为 130 000 元。

（3）要求

1）编制神舟公司 12 月相关业务的会计分录。

2）编制神舟公司年度利润表（见表 7—4）。

表 7—4　　利润表

编报单位：　　××年 12 月 31 日　　单位：元

项目	本期金额
一、营业收入	
减：营业成本	
税金及附加	
销售费用	
管理费用	
财务费用	
资产减值准备	
加：公允价值变动收益	
投资收益	
二、营业利润	
加：营业外收入	
减：营业外支出	
三、利润总额	
减：所得税费用	
四、净利润	

第二节　销售日报表

一、判断题（正确的在括号内画“√”，错误的在括号内画“×”）

1. 销售日报表是管理销售人员的销售动向和销售目的的有效方式。（　　）
2. 编制销售日报表能随时把握竞争者情报。（　　）
3. 编制销售日报表能有效地对销售员的行动进行管理。（　　）
4. 编制销售日报表必须标准化、表格化。（　　）
5. 销售日报表必须能够客观反映市场状况及拜访情况。（　　）

二、名词解释

销售日报表

三、简答题

1. 简述销售日报表的意义。

2. 简述销售日报表的编制或填写要求。

第八章　收银业务

第一节　收银概述

一、填空题

1. 收银业务也称收款业务，是指商场、超市等商业零售企业设在营业一线________的专门业务活动。收银业务具有专业性_____、责任_____、时间_____、方便_____等特点。

2. 收银硬件环境包括：（1）________环境；（2）__________环境；（3）_______设备。

3. 收银软件环境即收银工作________，简称收银软件。收银软件又称收银工作________。收银软件包括前台_______系统和后台_______系统两大基本部分。

二、判断题（正确的在括号内画“√”，错误的在括号内画“×”）

1. 收银业务是一项经济管理活动，也是一项专门的经济工作。（　　）
2. 收银员应具备基本的电脑知识和财务知识。（　　）
3. 收银员应具有识别假钞和鉴别支票真伪的能力。（　　）
4. 营业中允许收银员携带私人物品（如私款）和私换外币。（　　）

三、选择题（将正确答案的代号填在括号内，一题可多选）

1. 营业后金额超过 3 万元（　　）。

A. 不必要请护卫　　B. 有必要请护卫

C. 无所谓

2. 收银业务是一项（　　）。

A. 经济管理活动　　B. 计算机活动

C. 专门业务活动　　　　　　　　　　D. 经济工作

3. 现代收银员应具备（　　）。

A. 电脑知识和财务知识

B. 掌握各种收银设备的操作技能

C. 熟悉收银业务运作

D. 识别假钞和鉴别支票真伪的能力

E. 了解公司与商场有关的各项规章制度

四、名词解释

商品营销环境

五、简答题

1. 简述收银员的岗位职责。

2. 简述收银员的结账服务程序。

第二节　收银业务操作

一、填空题

1. 收银作业暂停有两种情况：一种情况是收银员________收银台，称为“暂离”；另一种情况是“______”。

2. POS 收银机键盘多为可______键盘，具有强大的__________功能，功能键多为________键，通常由企业信息中心根据需要进行设定和增删。

3. 常用的商品条形码有：________条形码，简称 EAN 条形码；________条形码，简称 UPC 条形码；______条形码，________条形码，________条形码。

4. 一般来说，商场现金收银操作包括欢迎顾客、录入________、唱收______并清点、鉴别______、打印______、唱付找零、答谢顾客几个环节。

二、判断题（正确的在括号内画“√”，错误的在括号内画“×”）

1. 收银员可以将营业款带出商场和私换外币。（　　）

2. 顾客来到收银台前，收银员应先做好自己的事。（　　）

3. 收银作业环境是以收银台为中心的一个收银工作区域。（　　）

4. 收银员录入条码要做到快速、多次、无遗漏扫描。（　　）

5. 当显示屏左下角出现“断网”字样时，可能是收银机出现网络故障，此时应联系后台。（　　）

三、选择题（将正确答案的代号填在括号内，一题可多选）

1. 柜台打错价，可在收银检查员证明后按底标价售出，差价由（　　）。

A. 售货员赔偿　　B. 柜台负责人赔偿

C. 管理费用冲销　　D. 购货人自己承担

2. 收银退出操作系统，返回上一个工作状态按（　　）。

A. 挂单键　　B. 退出键

C. 随手键　　D.“ESC”键

3. 收银员临时离开收银台，称为“（　　）”。

A. 挂单　　B. 暂离　　C. 离开　　D. 取单

四、名词解释

1. 商品条形码

2. 商品店内码

五、简答题

简述收银业务的一般流程。

第三节　点钞与人民币真假的鉴别

一、填空题

1. 点钞是指按照一定的方法查清______的数额，即整理、清点票币工作，在银行泛指清点各种票币，又称票币______。对于前台柜员，商场、超市收银员及出纳人员来说，清点钞票是一项______、大量的、______很强的工作。

2. 点钞包括整点________和清点________。点钞的方法相当多，概括而言，可以分为______点钞和______点钞两大类。对于手工点钞，根据持票姿势不同，可分为______点钞方法和________点钞方法。

3. 手持式点钞方法可分为单指单张点钞、__________、____________和扇面点钞等方法。

4. 假币是指伪造、变造的货币。伪造的货币是指仿照真币__________、________、________等，采用各种手段制作的假币。变造的货币是指在真币的基础上，利用________、________、______、拼凑、________、重印等多种方法制作，改变__________的假币。

5. 纸币真伪的识别通常采用直观对比和仪器检测相结合的方法，即通常所说的“一______、二______、三________、四______”。

二、判断题（正确的在括号内画“√”，错误的在括号内画“×”）

1. 点钞即整理、清点票币的工作。（ ）

2. 点钞是一项技术性很强的工作。（ ）

3. 手持式单指单张点钞方法的优点是操作时易看清假币和挑选残破币。（ ）

4. 扇面式点钞方法适宜于新、旧、残、破的混合钞票。（ ）

5. 清点钞票前首先应整理钞票，要求边角无折，同券一起，券面向下。（ ）

三、选择题（将正确答案的代号填在括号内，一题可多选）

1. 点数时可采用双数计数法或单数分组计数法，做到（ ）密切配合。

A. 两手　　B. 心、眼、手

C. 十指　　D. 眼、手

2. 手按式单指单张点钞方法尤其适用于（ ）的票币。

A. 新钞　　B. 残破币较多

C. 没有残破币　　D. 残破币较少

3. 扇面式点钞方法适用于（ ）的票币。

A. 新钞　　B. 残破币较多

C. 没有残破币　　D. 残破币较少

4. 100 元纸币的背面主景为“(　　)”图案。

A. 布达拉宫　　B. 人民大会堂

C. 桂林山水　　D. 长江三峡

5. 50 元纸币的背面主景为“(　　)”图案。

A. 布达拉宫　　B. 人民大会堂

C. 桂林山水　　D. 长江三峡

四、简答题

1. 简述手持式单指单张点钞方法。

2. 简述手按式三张点钞方法。

3. 简述点钞的基本程序和点钞的基本要求。

4. 简述识别真假人民币纸币的简易方法。